W0062924

Das Buch

Matthias Kalle war es nach mehrmaligen Umzügen in immer desolatere Wohnungen leid, Monat für Monat Miete zu zahlen, die einfach so verpuffte. Und so beschlossen er und seine Frau: Wir bauen ein Haus und verlassen die Welt der Miete – für immer. Doch mit welchen Widrigkeiten und Absurditäten man es auf dem Weg zu den eigenen vier Wänden zu tun bekommt, davon ahnte Kalle nichts. Lakonisch und humorvoll schildert er in seinem Buch die kleinen und großen Abenteuer seines Hausbaus – vom ersten aufkeimenden Wunsch nach einem eigenen Zuhause über die Kompromisse, die man eingehen muss, bis hin zu den subtilen Kämpfen, die man sich mit Elektrikern, Installateuren, der Telekom und Möbelverkäufern liefert.

Der Autor

Matthias Kalle, geboren 1975, ist stellvertretender Chefredakteur beim *ZEIT-Magazin* in Berlin. Zuvor war er sechs Jahre Chefredakteur des Stadtmagazins *zitty* und Kolumnist beim *Tagesspiegel.* Außerdem hat er die Zeitschrift *Neon* mitentwickelt. Kalle lebt mit seiner Frau und Tochter in Berlin.

Matthias Kalle

NORMAL
HÄLT
DAS

Vom Hausbau und
anderen Katastrophen

Ullstein

Besuchen Sie uns im Internet:
www.ullstein-taschenbuch.de

Ungekürzte Ausgabe im Ullstein Taschenbuch
1. Auflage August 2013
2. Auflage 2015
© Ullstein Buchverlage GmbH, Berlin 2012 / ullstein extra
Umschlaggestaltung: Sabine Wimmer, Berlin
Titelabbildung: getty images
Satz: Pinkuin Satz und Datentechnik, Berlin
Gesetzt aus der Minion
Papier: Holmen Paper Hallsta, Hallstavik, Schweden
Druck und Bindearbeiten: CPI books GmbH, Leck
Printed in Germany
ISBN 978-3-548-37429-1

INHALT

»You think you can't you wish you could
I know you can, I wish you would
Trip inside this house as you pass by.«
Primal Scream

VORWORT

Ich habe ein Haus gebaut, im Sommer 2009 fing ich damit an, und am 1. Februar 2011, gut anderthalb Jahre später, bin ich dort eingezogen. Ich habe dieses Buch in dem Haus geschrieben, ich schreibe gerade dieses Vorwort in dem Haus, ich habe ein Arbeitszimmer in dem Haus, es ist knapp zehn Quadratmeter groß, es liegt im Erdgeschoss des Hauses. Durch das große, fast bodentiefe Fenster sehe ich in den kleinen Vorgarten, den wir mit Sträuchern und kleinen Bäumen bepflanzt haben, und mittendrin stehen eine Bank und ein Tisch, und auf dem Tisch steht ein Aschenbecher, denn ich rauche nicht mehr in dem Haus, ich rauche draußen, und die Bank und der Tisch und der Aschenbecher und der Vorgarten sind Teil meines Büros. Wenn ich auf der Bank vor dem Tisch sitze und rauche, dann überblicke ich den Innenhof, ich sehe das Kopfsteinpflaster, das man besser hätte pflastern können, aber der Beruf des Pflasterers ist ausgestorben, diese Kunst wird nicht mehr gelehrt. Ich sehe die Blumenbeete, die von der Hausverwaltung angelegt wurden und die sogenanntes Gemeinschaftseigentum sind, die Beete stehen da zur Freude aller. Ich sehe das große gelbe Haus auf der anderen Seite des Innenhofs, das mal eine Fabrik war, früher, und in dem jetzt Wohnungen sind, in denen meine Nachbarn wohnen, und wenn meine Nachbarn aus ihren Fenstern schauen oder auf ihrem Balkon stehen, dann können sie mich manchmal auf der Bank vor dem Tisch sitzen sehen. Man grüßt sich dann, über den Innenhof hinweg, man hebt kurz die

Hand, nickt, dann macht man weiter mit dem, was man gerade zu tun hat.

Vor ein paar Minuten hat der Wecker geklingelt, wie immer um 6 Uhr, denn für die Arbeit an diesem Buch bin ich früh aufgestanden, auch wegen des Arbeitsweges: Unser Schlafzimmer ist im zweiten Stock, und nachdem der Wecker geklingelt hat, schleiche ich mich ins Badezimmer und gehe unter die Dusche. Sie ist ebenerdig, und dass sie es ist, war ein harter Kampf, einer von vielen, die man kämpfen muss mit seinem Bauleiter, der es als seine Aufgabe ansieht, Schaden zu vermeiden, und es gibt für Bauleiter keinen größeren Schaden als den Wunsch des Bauherrn nach einer ebenerdigen Dusche. Außer vielleicht noch den Wunsch des Bauherrn, in der Küche und im Flur keine Fliesen haben zu wollen. Der Bauleiter ist ein Mann der Fliese und ein Gegner der Ebenerdigkeit.

Ich dusche, ziehe mich an und gehe in die Küche im ersten Stock, um mir einen Espresso zu machen, und während die Maschine rattert, schaue ich mir die Küche an, die ins Esszimmer übergeht, das ins Wohnzimmer übergeht, an dessen Ende die große Glastür ist, durch die man auf die Terrasse gelangt. Ich warte auf meinen Kaffee und frage mich, ob wir alles richtig gemacht haben, ob wir an alles gedacht haben oder ob nicht doch meine Mutter recht hat, die sagte: »Die Küche ist zu weit weg von der Terrasse.«

Mit dem Espresso in der Hand gehe ich ins Erdgeschoss. Aus dem Briefkasten hole ich die Zeitung und wage einen raschen Blick in den Innenhof: Meine Nachbarn schlafen noch, es gibt nichts zum Grüßen. Erst in einer Stunde etwa hört man die ersten Geräusche des Morgens, die Kinder, Türenschlagen, Schritte im Innenhof, die immer gleichen Anzeichen eines neuen Tages. Ich weiß nicht, ob man das, was ich in diesem Moment empfinde, Glück nennt oder Zufriedenheit oder ob ich mich nur wundere, dass ich hier stehe, vor meinem

Haus, eine Tasse Kaffee in der Hand, die Zeitung unter dem Arm.

Auf dem Rasen des kleinen Vorgartens liegt der Tau, ich denke an Harald Schmidt, an die Zeit, als er noch jeden Abend in seiner Show davon berichtete, wie er um 4 Uhr 11 von den Wiesen zurückkam, wo er den Tau aufgelesen habe. Und ich denke, dass ich schon lange zu früh ins Bett gehe, um mir Harald Schmidt noch anzuschauen. Und ich erinnere mich daran, was mir Manuel Andrack einmal erzählte, als er noch Harald Schmidts Redaktionsleiter war und ich noch ein Reporter, der viel unterwegs war, damals, als ich noch in Wohnungen lebte. Andrack erzählte mir von seinem Hausbau, vielleicht war es auch ein Hauskauf, jedenfalls fragte er Schmidt um Rat, und Schmidt sagte, Andrack sei bescheuert, er solle zur Miete wohnen, nicht kaufen, nicht bauen, er wäre dann hundert Jahre unglücklich. Andrack sagte damals, es sei das einzige Mal gewesen, dass er nicht auf Harald Schmidt gehört habe. Was ist eigentlich aus Manuel Andrack geworden? Ist er ein glücklicher Mann?

Heute weiß ich: Wenn einer diese Grenze, die erste Grenze, überschreitet und sich vornimmt, die Welt der Miete zu verlassen, dann ist er für keine Ratschläge mehr empfänglich. Egal, wer was sagt, egal, was er sagt – mit der Entscheidung, nicht mehr zur Miete leben zu wollen, beginnt der erste Bau, nämlich der Bau des Tunnels, durch den man fortan gehen muss. Am Ende dieses Tunnels steht dann, wie in meinem Fall, ein Haus, und am Anfang dieses Tunnels steht eine Mietwohnung, aber der Blick ist nach vorne gerichtet, dahin, wo man durchmuss. Aber weil es dunkel ist in diesem Tunnel und weil er lang ist, länger, als man es sich vorstellen kann, sieht man nicht, was links und rechts ist. Man sieht nicht die Abzweigungen und die Falltüren, die Kurven und den ganzen Müll, der in diesem Tunnel rumliegt und an dem man vorbeikommen muss. Man kann nicht erkennen, was einem in diesem Tunnel alles entgegenkommen kann, welche

Feinde dort auf einen warten und wie die Gegner versuchen, einen davon abzuhalten, das Ende des Tunnels zu erreichen.

Dieses Buch soll einen Eindruck davon vermitteln, was in diesem Tunnel los ist, was dort alles passieren kann. Es soll eine Ahnung davon geben, wie dunkel es in diesem Tunnel tatsächlich ist. Wie kalt. Wie ungemütlich. Wie es stinkt. Wie man manchmal daran denkt, einfach umzukehren. Wie man sich in diesem Tunnel verlaufen kann. Wie einsam es in diesem Tunnel ist. Aber dieses Buch berichtet auch davon, dass dieser Tunnel einmal zu Ende ist, ganz plötzlich sieht man dann das Licht, und man beginnt zu rennen, immer schneller, und wenn man dann in dieses Licht tritt, wundert man sich darüber, dass man es doch geschafft hat.

In dem Buch soll es um den Wahnsinn, die Katastrophen und um das große Glück gehen, das einer erleben kann, der sich tatsächlich dazu entscheidet, ein Haus zu bauen und diesen Tunnel zu betreten. Von der ersten aufkeimenden Unzufriedenheit nach mehrmaligen Umzügen in immer desolatere Mietwohnungen über die Entscheidungsfindung bis hin zu den subtilen Kämpfen, die man sich mit Bauleitern, Elektrikern, Vorarbeitern, Installateuren, der Telekom, Möbelverkäufern und den Gegnern des Hausbauens liefert. In diesen Kämpfen, das weiß ich jetzt, sind alle Mittel erlaubt, und der, der ein Haus baut, kämpft alleine, immer, er hat niemanden an seiner Seite, aber ihm gegenüber steht ein ganzes Heer, eine Armee, brutale Menschen, die es sich zur Aufgabe gemacht haben, das Leben desjenigen, der ein Haus bauen will, so schwer wie möglich zu machen. Denn der Hausbau ist das letzte große Abenteuer des modernen Mannes. Der Hausbau führt ihn an die Ränder seiner Möglichkeiten, an die Grenzen der zivilisierten Welt. Der Hausbau lehrt einen Dinge, von denen man nicht einmal ahnen konnte, dass es sie gibt.

BAUSTELLE

Ich bin auf dem Weg nach Hause. An den kleinen Spaziergang von der Tramstation bis zu der Wohnung im vierten Stock habe ich mich gewöhnt, wenn ich schnell gehe, brauche ich fünf Minuten, und während dieser fünf Minuten stelle ich mir all das Schöne vor, das mich gleich empfangen wird: das Lachen meiner Tochter, die strahlenden Augen meiner Frau, den gedeckten Tisch, die Ruhe, die Ordnung, die Großzügigkeit und Behaglichkeit unserer Wohnung, unserer ersten gemeinsamen Wohnung, in der wir als Familie jetzt seit einem Jahr leben. Auf dem Weg zünde ich mir eine Zigarette an, es ist eine Art Ritual, die letzte Zigarette, sie verglimmt, wenn ich an der Haustür stehe, ich nehme dort noch einen Zug, einen letzten, denn natürlich rauche ich nicht mehr in der Wohnung, ich lebe ja nicht mehr alleine.

Ich bin dreiunddreißig Jahre alt, verheiratet und Vater einer Tochter, sie wird bald ein Jahr alt. Bevor sie geboren wurde, zogen meine Frau und ich zusammen, unsere erste gemeinsame Wohnung nach drei Jahren Liebe, die erste Wohnung, in der ich nicht mehr alleine lebe, seit ich mit neunzehn von zu Hause ausgezogen bin. Ich habe die vergangenen vierzehn Jahre gerne alleine gelebt, ich kam gut mit mir aus, die berühmte Max-Frisch-Frage, ob man auch Humor habe, wenn man alleine sei, kann ich nur mit einem lauten »Ja« beantworten, tatsächlich ist mein Humor, wenn ich alleine bin, noch ein bisschen besser, als er es in Gesellschaft ist. Während dieser vierzehn Jahre habe ich mich nie einsam gefühlt, niemals alleine, im Gegenteil: Ich habe mich wohl gefühlt, es gab nichts, was ich vermisst hätte, nichts, was mir gefehlt hat, aber ich konnte ja auch nicht ahnen, dass es da etwas gibt, was noch besser ist, noch schöner, noch größer – etwas, das noch glücklicher macht. Auf dem Weg von der Tramstation zu der Wohnung im vierten Stock erinnere ich mich daran, jedes Mal, damit ich es nicht vergesse.

Um sicherzugehen, dass ich es tatsächlich nicht vergesse, niemals vergessen kann, damit nichts schiefgeht, damit es klappt, damit es funktioniert, haben wir eine Wohnung gemietet, die wir uns eigentlich nicht leisten können. Eine große, schöne, lichtdurchflutete Wohnung im vierten Stock einer ruhigen Straße am nördlichen Rand des Berliner Stadtteils Prenzlauer Berg. Der Schnitt der Wohnung ist nahezu ideal, meine Frau und ich haben jeweils ein Arbeitszimmer, der größte Raum ist die Wohnküche, es gibt zwei Balkone, einen zum Hof und einen zur Straße. Am Ende der Küche gibt es zwei Stufen, sie führen zu einem zweiten Flur, von dem das Kinderzimmer, das Bad und das Schlafzimmer abgehen. Als meine Frau bei der Wohnungs-besichtigung das Bad sah, war die Entscheidung für die Wohnung endgültig gefallen. Das Bad hat eine freistehende Wanne und eine ebenerdige Dusche, die mit dunkelgrünen Schiefer-platten gefliest wurde. Wenn man in der Badewanne sitzt, kann man aus dem Fenster schauen, man sieht dann in den Himmel über Berlin. Die Einbauküche, die bereits in der Wohnung war, liegt geschmacklich im oberen Mittelfeld, die Dielen in den Zimmern sind wunderschön aufgearbeitet worden, die alten Türen und Fenster sind erhalten, der Stuck immerhin zum Teil. Wir sind die einzigen Mieter in dem Haus, unsere Nach-barn haben ihre Wohnungen alle gekauft, als das Haus vor zwei Jahren komplett saniert wurde. Unsere Vermieterin, Anna, eine Holländerin, war damals beruflich in Berlin und konnte es nicht fassen, wie günstig man hier eine Wohnung kaufen kann, also entschloss sie sich zum Kauf, die Wohnung ist für sie eine Geldanlage, die Miete, die wir ihr monatlich überweisen, deckt ihre Finanzierung bei weitem. Anna lebt jetzt mit ihrem Mann und ihrem Kind in England, sie ist oft schwer zu erreichen, sie hatte sich dafür entschieden, keine Hausverwaltung zu beauftragen, deshalb müssen wir uns mit Kleinigkeiten direkt an sie wenden, was manchmal ein wenig mühsam ist, aber die Wohnung macht wenig Probleme. Wenn wir mit Anna sprechen, dann erkundigt sie sich immer auch nach unserer Tochter, sie nennt sie sogar beim Namen. Manchmal denke ich, dass man das auch erwarten kann bei so viel Geld, das sie von uns bekommt.

Ich stehe vor der Haustür und drücke die Zigarette mit dem Fuß aus. Den Stummel hebe ich auf, um ihn in einen der Mülleimer im Hof zu werfen. Ich schließe die Haustür auf, das Licht geht an, der Flur ist sauber. Ich gehe zum Hof und werfe die Kippe in den Müll, dann gehe ich zurück zu den Briefkästen, schließe auf und hole die Post. Mit dem Fahrstuhl fahre ich in den vierten Stock, und als ich aussteige, sehe ich das warme Licht durch die Milchglasfenster unserer Wohnungstür. Ich schließe die Augen, atme tief ein, dann wieder aus und schließe die Tür auf.

Es ist niemand da, anscheinend hat meine Frau vergessen, das Licht im Flur auszuschalten. Ich hänge meine Jacke an die Garderobe und lehne meine Tasche gegen die kleine Flurkommode. Meine Schuhe ziehe ich aus und stelle sie an den dafür vorgesehenen Platz. Ich schaue in den Kühlschrank und nehme mir ein Bier raus, das ich auf dem Balkon trinke. Spätsommer, die Tage, bevor der Herbst übernimmt. Von dem kleinen Balkon kann man sehen, wie sich die Sonne neigt, wie sie langsam am Rand der Stadt verschwindet und alles in ein schwaches rosafarbenes Licht taucht. Ich trinke einen Schluck und kann mir nicht vorstellen, dass ich in meinem Leben noch glücklicher werden könnte als in diesem Moment.

***

»Und die haben nichts geklaut?« Meine Frau schüttelt den Kopf. Sie ist vor einer Stunde aufgelöst nach Hause gekommen, unsere Tochter schlief im Kinderwagen, wir zogen ihr die Sachen aus und den Schlafanzug an und legten sie vorsichtig in ihr Bett. Währenddessen erzählte mir meine Frau, dass im Keller eingebrochen worden war, die Diebe hatten die Schlösser mehrerer Verschläge geknackt und diverse Sachen gestohlen: Fernseher, Angelausrüstungen, Fahrräder. Auch unsere Kellertür stand offen, als meine Frau nachschaute, aber sie konnte keinen Schaden feststellen.

»Aber wieso haben die denn ausgerechnet bei uns nichts geklaut? Ich kann das gar nicht glauben. Wir haben doch auch Sachen!« Irgendwie empfinde ich es als Demütigung: Diebe betrachten meinen Besitz und stellen fest, dass es sich nicht lohnt, irgendetwas mitzunehmen. Ich beschließe, mir selbst ein Bild zu machen, und gehe runter in den Keller, die Tür zu unserem Gitterabteil steht offen, morgen müsste ich ein neues Vorhängeschloss kaufen – obwohl: Wozu? Wenn die Herren Diebe sich zu fein dafür sind, etwas von unseren Sachen zu klauen, dann könnte ich es eigentlich auch gleich lassen.

Ich schaue mich um. Die Kiste mit den Büchern, die wir jetzt doppelt haben? Steht da. Die Kiste mit den CDs, die wir jetzt doppelt haben? Steht da. Das Rocky-Filmplakat, das meine Frau aus Gründen, die ich nicht verstehe, nicht in der Wohnung haben wollte? Steht da. Die Aktenordner aus der Studienzeit meiner Frau? Stehen logischerweise da. Der alte Computer, der natürlich nicht mehr geht? Steht dummerweise auch noch da. Die Diebe haben nichts geklaut, sie haben sich nicht einmal die Mühe gemacht, richtig nachzuschauen, denn ich bin mir sicher, dass meine vollständige Sammlung aller »Spiegel Reporter«-Hefte mit Sicherheit einen Wert haben müsste. Ist natürlich noch da.

Plötzlich höre ich Schritte auf der Treppe, sie kommen näher, ich drehe mich um und sehe meinen Nachbarn.

»Und? Wie viel bei euch?«, fragt er. Ich sage ihm, dass wir verschont geblieben seien, und er sagt: »Na, dann vielleicht beim nächsten Mal.«

»Entschuldigung, was soll denn das heißen: beim nächsten Mal?«

»Die kommen in schöner Regelmäßigkeit und räumen die Keller aus. Wir wohnen jetzt seit sechs Jahren in diesem Haus, und das war der siebte Einbruch. Die Polizei sagt, das Haus sei ideal für Einbrecher: eine ruhige Straße mit wenig Durchgangsverkehr, gegenüber ein kleiner Park mit Fluchtwegen, wenig Assis.«

Weil ich etwas verständnislos schaue, erklärt er mir den letzten Teil: »Die wissen, dass hier Menschen wohnen, die arbeiten gehen. Keine Studenten, keine Rentner, tagsüber ist niemand hier, da steht das Haus ja quasi leer. Findet man ganz selten in Berlin, ist deshalb eine der ersten Adressen für das Pack.« Und obwohl es nicht so klingt, macht alles, was mein Nachbar sagt, Sinn.

Zwei Wochen später ist mein Konto mit 12 000 Euro überzogen. Anhand der Kontoauszüge stelle ich fest, dass ich wohl in den vergangenen Tagen jeden Abend einen nicht unwesentlichen Betrag an einem Geldautomaten am anderen Ende der Stadt abgehoben haben muss, außerdem scheine ich eine Monatskarte für den Nahverkehr gekauft und mich bei der Bekleidungskette »Frontwear« komplett neu eingekleidet zu haben. Ich lasse telefonisch sofort alle meine Bank- und Kreditkarten sperren und rufe die Polizei an. Als die Beamten eintreffen und ich ihnen meinen Fall berichte, erklären sie mir, dass das in der Gegend leider häufiger vorkomme. »Die fischen die Post von der Bank aus den Briefkästen, das machen die, bis sie eine neue Karte und ein paar Tage später die neue PIN-Nummer haben. Da sind wir quasi machtlos, Sie können aber gerne Anzeige erstatten. Um Ihr Geld kümmert sich ja die Bank.« Ich erstatte Anzeige und frage meine Bank, ob sie sich denn um mein Geld kümmern würde, und nachdem ich einige Formulare ausfüllen musste, wurde mir der gesamte Betrag, um den ich betrogen wurde, wieder auf mein Konto überwiesen.

In der Zwischenzeit sind im Badezimmer zwei Fliesen von der Wand gefallen, und meine Frau hat sich den Fuß aufgerissen, weil ein Zimmermannsnagel aus dem Boden ragt, wo noch nie ein Zimmermannsnagel aus dem Boden geragt hat. Und dann bekommen wir einen Brief von Anna, in dem sie uns mitteilt, dass sie zum nächsten Ersten die Miete gerne um fünf Prozent erhöhen würde. Sie bitte um Verständnis.

Und plötzlich haben wir ein Problem: Wir fühlen uns in der Wohnung nicht mehr wohl. Es war, als würde die Decke über uns in Zeitlupe einstürzen, und wir stehen da, Blick nach oben, und wundern uns, warum denn jetzt diese Decke einstürzt, denn das war nicht der Plan, das war nicht abgemacht – von einer einstürzenden Decke steht nichts im Mietvertrag. In dem Mietvertrag steht, so haben wir es jedenfalls verstanden, dass wir in eine glücklich machende Wohnung ziehen werden. Eine Wohnung, in der unsere Tochter laufen lernt, in der man Silvester feiert, weil man einen großartigen Blick über die Stadt hat. Eine Wohnung, in der alles möglich ist, in der man sich aus dem Weg gehen kann und ganz schnell wiederfindet. Eine Wohnung, von der aus man alles erreicht, den Supermarkt, den Park, die Kita. So eine Wohnung hatten wir gemietet. Und jetzt gibt es diese Wohnung plötzlich nicht mehr.

»Wir sollten ausziehen«, sage ich eines Abends zu meiner Frau. »Das macht hier keinen Sinn mehr.« Meine Frau sagt nichts. Wir sitzen am Küchentisch, ihr Blick wandert durch den Raum, so als ob sie alles prüfen, alles schätzen wolle, bevor sie zu einem Urteil kommt. Sie atmet tief durch die Nase ein und schenkt sich Wasser nach und sagt nichts.

Ich sage: »Unser Haus ist ein begehrtes Immobilienobjekt eines international operierenden Einbrecherkonsortiums, spezialisiert auf Kellerauflösungen und Briefkastenplünderungen. Hinzu kommt noch, dass hier alles ziemlich scheiße saniert wurde. Oberflächlich macht es einen guten Eindruck, tatsächlich aber hält nichts, Dinge fallen einfach ab oder kommen von irgendwo raus, wo sie nicht rauskommen sollten. Das ist ein Michael-Jackson-Haus!«

Meine Frau sieht mich an, wie sie mich manchmal anschaut, wenn ich ihr vorschlage, sie könne ja auch ruhig mal alleine zu einem Pärchenabend gehen.

»Und außerdem«, sage ich noch, »finde ich es eine Unverschämtheit, dass wir bald auch noch mehr Miete zahlen sollen. Das ist so, als ob man für ein Unfallauto mehr Geld ausgibt als für eines, das gerade frisch vom Band rollt.«

Meine Frau steht auf und schreitet durch die Küche, dabei erinnert sie mich an eine Königin, die ihre Ländereien zu Fuß begutachtet. Ich lehne mich im Stuhl zurück, denn ich habe locker und schlüssig argumentiert, es ist jetzt an ihr, konstruktiv zu sein.

»Und was schlägst du vor?«

Es ist anscheinend doch noch nicht an ihr, konstruktiv zu sein, noch nimmt sie die Rolle der Fragestellerin ein, also muss ich die Antworten geben: »Wir ziehen aus, je früher, desto besser.« Weil meine Frau nichts sagt, nehme ich ihr Schweigen als Einverständniserklärung, ich sehe es als Auftrag an.

***

Ich lebte zu diesem Zeitpunkt seit zehn Jahren in Berlin, in dieser Zeit wohnte ich in Kreuzberg, in Prenzlauer Berg, in Mitte und dann wieder in Prenzlauer Berg, und aus unterschiedlichen Gründen hat es mir überall gleich schlecht gefallen.

In Kreuzberg hatte ich eine grauenhafte Wohnung in einer furchtbaren Straße, weil ich die Wohnungssuche von München aus machen musste, wo ich zuvor lebte und arbeitete. Das Exposé, das ich im Internet fand, klang gut und vielversprechend, die Miete war für Münchner Verhältnisse, die ich gewohnt war, ein Witz, also sagte ich zu, ohne die Wohnung gesehen zu haben, und als ich dann ein paar Wochen später zwischen den Umzugskisten in der Wohnung stand, ging ich sofort wieder raus, aber auf der Straße war es noch schlimmer, weil mir ein Mann entgegenkam, der sich Milch über seine Jogginghose geschüttet hatte. Jedenfalls hoffte ich inständig, dass es Milch sei.

In Prenzlauer Berg war es anfangs noch sehr schön, aber plötzlich bekam ich schlechte Laune, wenn ich meine Wohnung verließ, um zum Bäcker zu gehen oder zum Supermarkt. Ich bekam schlechte Laune im Café und im nahen Park, ich bekam schlechte Laune bei meinem Lieblingsitaliener, und irgendwann wusste ich, woher diese schlechte Laune kam: Immer wenn ich unterwegs war, sah ich Leute wie mich. Ich sah keine alten Leute, ich sah keine Jugendlichen, ich sah keine Handwerker und keine Obdachlosen, und Ausländer sah ich auch nicht. Ich sah Männer und Frauen Ende zwanzig am Anfang ihrer Karrieren, sie hatten vernünftige Haarschnitte und eine leise Ahnung davon, wie man sich anständig anzieht. Sie hörten gute Musik und gingen in die gleichen Filme, die ich sehen wollte. Ich fühlte mich verfolgt, es war kaum zu ertragen.

Ich zog nach Mitte, mit der absurden Vorstellung, diesen Spiegelbildern meiner Generation aus dem Weg gehen zu können, was auch funktionierte, dafür sah ich aber überall unsere großen Geschwister, die im Leben alles richtig gemacht hatten und deshalb viel Geld in wirtschaftlichen Berufen verdienten und dafür sorgten, dass alles um sie herum so langweilig sein musste wie sie selbst.

Unsere Wohnung am nördlichen Rand von Prenzlauer Berg gefiel mir auch deshalb, weil sie in gewisser Entfernung zu all dem lag, aber manchmal war sie mir nicht weit genug weg. Ich erinnere mich an eine Geschichte, die mir ein älterer Kollege einmal beim Mittagessen erzählte: Als der große österreichische Kabarettist Helmut Qualtinger auf eine Party ging, erkannte ihn die Gastgeberin, die eine große Verehrerin seiner Kunst war. Sie wollte sich natürlich um den Überraschungsgast kümmern, sie fragte ihn nach seinen Wünschen, was er trinken wolle, was er essen wolle, solche Sachen. Irgendwann sagte Qualtinger zu ihr: »Bittschön, gebns eahna ka Mühe, mir gefällts eh nirgends.«

Story of my life. Es gab mal einen deutschen Film, Ende der 80er Jahre war das, den habe ich nie gesehen, ich weiß nicht einmal, worum es in dem Film geht, aber damals, als ich darüber las, merkte ich mir den Filmtitel, er lautet: »Überall ist es besser, wo wir nicht sind«. Ich merkte mir den Titel, weil ich glaube, dass der stimmt, ich glaube wirklich, dass es überall besser ist, wo ich nicht bin, und wenn ich dann doch mal da bin, wird es schlecht. Wo soll ich also hin?

***

»Ziehen Sie doch nach Pankow«, sagt Herr Wollstein am nächsten Tag zu mir. Herr Wollstein ist Geschäftsführer des Café Einstein in Mitte, ein höflicher, zuvorkommender Mann, ein perfekter Gastgeber, ein netter Mensch. Ich esse gerade im Einstein zu Mittag, als wir ins Plaudern kommen, ich erzähle ihm von meiner Situation, und er erzählt mir von Pankow, wo er mit seiner Frau lebt. Wie schön es dort sei. Wie grün. Wie ruhig. Wie nah doch trotzdem an Mitte. Und er erzählt, dass in Pankow auch viel gebaut werde und dass jetzt viele junge Familien nach Pankow ziehen würden, eben weil es dort so herrlich sei. Herr Wollstein gehört nicht zu der Sorte Menschen, die dummes Zeug erzählen.

Als ich von der Arbeit nach Hause komme, habe ich drei Besichtigungstermine für das Wochenende. Fünfzimmerwohnungen in Pankow. Ich habe die Exposés aus dem Internet herunter-geladen, Fotos, Grundrisse, ich habe zwei Kopien gemacht und lege sie am Abend meiner Frau vor. Sie schaut mich fragend an.

»Was ist das?«

»Wohnungen. Schauen wir uns übermorgen an. Erinnerst du dich, wir haben gestern darüber gesprochen.«

Sie schaut mich immer noch fragend an. Kann es tatsächlich sein, dass sie unsere Abmachung vergessen hat? Ich sage, diesmal mit Nachdruck: »Wir waren uns doch einig, dass wir hier nicht bleiben wollen.«

»Ja. Aber zwischen ›hier nicht bleiben wollen‹ und ›nach Pankow ziehen‹ muss es doch mit Sicherheit noch etwas anderes geben.«

Und dann erzähle ich meiner Frau von meinem Gespräch mit Herrn Wollstein, und sie sagt: »Warst du schon mal in Pankow?«

»Äh, nein.«

»Ich war schon mal in Pankow. Und es gibt gute Gründe, war-um ich da nur war und nicht bin. Pankow ist grauenhaft.«

»Ich kann die Termine doch jetzt nicht wieder absagen. Lass uns hinfahren. Nur gucken.«

Meine Frau sagt nichts mehr, kommt aber immerhin mit, und in Pankow ist es dann ganz furchtbar. Ich finde es zwar wunder-bar, tolle Gegend, die Wohnungen sind sehr schön, die Mieten noch im Rahmen des Erträglichen. Unerträglich ist die Laune meiner Frau, die sich mit jeder Minute, die wir durch die Stra-ßen gehen, mehr und mehr verschlechtert.

»Super hier, oder?«, frage ich sie noch am Anfang.

»Superscheiße«, sagt meine Frau, und ich sage dann erst mal nichts mehr.

Wir sprechen den ganzen Tag kein Wort mehr miteinander. Am Abend denke ich an all die Katastrophen und Tragödien, die unsere Beziehung überstanden hat, an all die Dinge, die der Liebe nichts antun konnten, und ich denke, dass es vielleicht die

Suche nach einer Wohnung ist, die Menschen mehr trennt als alles andere, aber dann sagt meine Frau: »Wir können ja noch mal gemeinsam schauen, nach einer Wohnung, die uns beiden gefällt, in einer Gegend, die wir beide schön finden.« Dabei streichelt sie mir über den Kopf, und ich fühle mich wie ein kleiner Junge, der sich zu Weihnachten einen Flug zum Mond gewünscht hat und dem seine Eltern liebevoll zu erklären versuchen, dass das leider nicht ginge, dass man aber ja auch gerne mal ins Phantasialand fahren könne. Ich sage: »So machen wir das«, und küsse meine Frau. In der Nacht schlafe ich unruhig, ich habe Angst vor bösen Träumen.

Wir suchen die ganze Woche gemeinsam nach Angeboten, Vierzimmerwohnungen, besser fünf Zimmer, ruhig, aber doch zentral, gute Schulen sollten in der Nähe sein, Cafés, Supermärkte, ein Bäcker – solche Sachen. Meine Frau sagt, es sollte nicht zu weit weg sein von ihren Eltern, und ich nicke. Am Freitag ist unser Wochenende verplant, die Besichtigungstermine sind eng getaktet, die Exposés klingen vielversprechend, wir haben gute Laune.

***

Am Samstag um 10 Uhr stehen wir mit dreißig anderen vor einem Haus, das im Internet anders aussah. Nicht ganz so, na ja, kaputt. Aber die Gegend ist gut, und entscheidend ist ja auch, wie es in der Wohnung aussieht und nicht vor dem Haus. Als der Makler kommt, folgen wir ihm, obwohl auch er nicht so gut aussieht, sondern, na ja, kaputt.

Im Treppenhaus blättert die Farbe ab, ein Fahrstuhl ist nicht vorhanden, obwohl das im Exposé so angegeben war, die Treppenstufen knarren, aber nicht auf eine altmodisch charmante Art, sondern in der Art, wie man sie aus Horrorfilmen kennt. Im dritten Stock stehen wir vor der Wohnungstür, sie ist nicht aus Holz, sondern aus Metall, sie erinnert in ihrer Wuchtigkeit an eine Gefängnistür. Meine Frau und ich schauen uns kurz an, zucken mit den Schultern und gehen rein.

Wenn man keine Wohnung suchen würde, sondern einfach einen interessanten Tag verbringen möchte, dann könnte man das, was wir betreten, »lustig« nennen, wobei Wohnung auch nicht das richtige Wort ist, es handelt sich eher um eine Zusammenstellung einzelner Zimmer, offensichtlich wurden hier zwei, drei, eventuell vier Wohnungen zusammengelegt, so genau kann man das nicht sagen. Nach drei Minuten weiß ich nicht mehr, wo meine Frau ist, ich suche sie, dann kommt sie plötzlich aus einem Schrank raus. Das müsse ich mir unbedingt ansehen, sagt sie und verschwindet wieder in dem Schrank. Weil ich sie liebe, folge ich ihr und stelle fest, dass in diesem Schrank eine Tür ist, die zu einem Zimmer führt, das nicht das Badezimmer sein kann, obwohl eine Toilette drinsteht. Waschbecken und Dusche erreicht man, wenn man durch einen anderen Schrank geht. Als ich gerade versuche, durch die Schränke zu flüchten, höre ich, wie der Makler sagt, dass die ersten drei Monate mietfrei seien, weil es ja doch noch einiges zu tun gebe. Wenn es danach ginge, müssten allerdings die ersten drei Jahre mietfrei sein. Ich nehme meine Frau bei der Hand und sage: »Lass uns verschwinden, bevor sie uns tot liegen lassen.«

Wir haben einen zweiten Termin, eine Straße weiter. Bei einem Bäcker holen wir uns Kaffee und stellen fest, dass das Viertel wirklich schön ist, es erfüllt unsere Suchkriterien, wir hoffen auf die zweite Wohnung. Als wir zu der Adresse kommen, stehen diesmal vierzig Leute vor der Tür, die Hälfte davon haben wir schon bei der ersten Besichtigung gesehen. Die Stimmung ist gut, das Haus macht einen ordentlichen Eindruck, die Sonne scheint, dann kommt der Makler um die Ecke, es ist der gleiche, der uns eben erst die Horrorwohnung gezeigt hat, man hört Gemurmel, Getuschel, die Ersten gehen, wir bleiben. Im Treppen-

haus gibt es einen Fahrstuhl, die Stufen sind mit roter Teppich-
ware ausgelegt, die Wohnung befindet sich im vierten Stock, wir
gehen zu Fuß, vor den Wohnungstüren sehen wir viele Schuhe,
Kinderschuhe, manche Wohnungsschilder sind aus Ton, darauf
steht dann: »Hier wohnen Emilia, Paul, Thorsten und Claudia«,
und ich hätte nie in meinem Leben gedacht, dass ich das einmal
als gutes Zeichen werten würde.

Der Makler wartet an der Wohnungstür, er weist darauf hin,
dass es sich um die einzige unsanierte Wohnung im Haus handelt, dementsprechend gering sei auch die Miete. Ich kenne jetzt
nicht im Detail die Definition von saniert und unsaniert und ich
bin im Grunde meines Herzens kein ängstlicher Mensch, aber
ich habe Angst, die Wohnung zu betreten, Angst davor, dass ich
irgendwo runterfalle oder dass mir etwas auf den Kopf fällt. Diese Wohnung wurde vergessen, das sieht man sofort, wenn man
sie betritt, vergessen vom Eigentümer, von den Bauarbeitern,
von Gott. Vielleicht war das mal eine Wohnung, vielleicht haben
hier sogar einmal Menschen gewohnt, aber das muss Jahre her
sein, und als sie die Wohnung verließen, nahmen sie alles mit:
Tapeten, Dielen, Armaturen, Wände. Ich höre die Frage eines
Interessenten: »Hier wird dann aber schon noch was gemacht,
oder?« Der Makler tut so, als würde er in seinen Unterlagen nach
einer Antwort suchen, dann sagt er, ohne aufzuschauen: »Äh,
nee, aber der Eigentümer verspricht dem Mieter drei Monate
mietfrei, ist doch auch was.« Und in diesem Moment bin ich
mir sicher, dass es keinen Eigentümer gibt, ich bin mir sicher,
dass dieser Makler nach Wohnungen sucht, die man vergessen
hat, die keinem gehören, das ist sein Geschäftsmodell, er ist ein
Wohnungsfledderer.

Als wir auf der Straße stehen, haben meine Frau und ich
schlechte Laune. Wir haben noch fünf Termine, aber wir ahnen,
dass wir dieses Gefühl, das wir damals hatten, als wir unsere
jetzige Wohnung besichtigt haben, nicht bekommen werden.

Damals stimmte alles, wir hatten nicht das Gefühl, dass wir uns eine leere Wohnung anschauen würden, wir hatten das Gefühl, als würden wir nach Hause kommen, als habe diese Wohnung nur auf uns gewartet.

»Wollen wir weitermachen?«, frage ich meine Frau, die jetzt schon seit zwei Minuten stetig langsam den Kopf schüttelt.

»Selbstverständlich machen wir weiter«, sagt sie plötzlich, und in ihrer Stimme liegt so etwas wie Kampfeslust, in diesem Moment glaube ich, dass sie eine Wohnungssuchamazone ist, die nicht eher ruhen wird, als bis sie eine Wohnung erlegt hat.

Vier Stunden später ist meine Frau geschlagen, wir sitzen am Küchentisch und können es nicht fassen: Die eine Wohnung war viel zu teuer, die andere Wohnung bestand nicht aus Wänden, sondern aus Schrägen, und bei der dritten Wohnung haben wir gelernt, was die meinen, wenn sie von 4,5 Zimmern sprechen: Als halbes Zimmer gilt bereits, wenn man darin zwei Paar Schuhe abstellen kann. In den anderen Wohnungen, die wir an diesem Tag besichtigt haben, fehlte entweder die Küche oder ein Balkon oder uns das Geld – fast schien es uns, als ob sich die Mietsituation in Berlin innerhalb eines Jahres dramatisch verschlechtert hätte: Alle guten, annehmbaren Wohnungen waren vom Markt, es blieb nur noch das, was keiner haben wollte, der Ausschuss, und manchen Wohnungen merkte man das sogar an, denn von ihnen ging eine unheimliche Traurigkeit aus, fast so, als ob die Wohnungen wüssten, dass nie wieder jemand in sie einziehen würde, dass sie einsam und verlassen bleiben würden für immer.

An diesem Abend am Küchentisch bin ich kurz davor, folgenden Vorschlag zu machen, ich bin kurz davor zu sagen: »Oder wir bauen.« Und vielleicht hätte ich ihr in diesem Moment alles erzählen sollen. Vielleicht hätte ich ihr erzählen sollen, woran ich gedacht habe in den vergangenen Tagen und Nächten, als ich nicht schlafen konnte wegen alldem. Ich dachte an ein Haus. Ein kleines, schlichtes Haus irgendwo. Mit einem Garten und einer Garage und einer Fußmatte vor der Tür. Ich dachte an Vorhänge und Teppiche, an Grundrisse, an ganz viel Holz. Ich dachte an einen Grill, der auf einer Terrasse steht, und an einen kleinen Verschlag mit Gummistiefeln und Arbeitsgeräten. Ich dachte an frisch gemähtes Gras. Ich dachte an einen Platz, an dem man einen Weihnachtsbaum aufstellen kann. Ich dachte an eine Küche, die so schön ist, dass sogar ich dort kochen könnte. Ich dachte an Ruhe, an Frieden, an gute Schulen und nette Nachbarn. Ich dachte an früher. Ich dachte an einen Keller, den außer mir niemand aufbekommt.

Heute weiß ich, dass man noch mehr Leid und Elend sehen und ertragen muss, bevor man solch einen Vorschlag macht. Man muss durch die Hölle der Mietwohnungen gehen, man muss weinen und schreien, bevor man die Dinge deutlich sieht und einen Entschluss fasst. Man muss durch ein tiefes Tal wandern, ehe man den Gipfel der Zufriedenheit erreicht. An diesem Abend am Küchentisch sagte ich nichts, und das war das Beste, was ich machen konnte.

***

Unsere Wohnung geht uns mittlerweile immer mehr auf die Nerven, täglich muss ich mit einem Hammer den Zimmermannsnagel wieder in die Diele hämmern, meine Frau hat im Gespräch mit der Nachbarin erfahren, dass die Firma, die das Haus gekauft, saniert und die Wohnungen weiterverkauft hat, Insolvenz beantragt hat – ein übliches Verfahren des Geschäftsführers, der in der Branche bekannt sei. Unsere Wohnung sei übrigens nicht die einzige mit Mängeln, eigentlich hätten wir es noch ganz gut getroffen, bei einer Familie im zweiten Stock musste das Bad komplett erneuert werden, die Kosten musste die Familie selber tragen. Mittlerweile ist in unserer Wohnung die Heizung im Wohnzimmer ausgefallen, es wird nicht mehr warm, auf meine Mails reagiert Anna nicht mehr, vielleicht, weil sie schon zu sehr mit der Suche nach einem Nachmieter beschäftigt ist, der nicht so kälteempfindlich ist wie wir. In anderthalb Monaten läuft unser Mietvertrag aus.

»Wir haben übermorgen um 10 Uhr einen Besichtigungstermin«, sagt meine Frau, als ich von der Arbeit nach Hause komme. Ich hänge meinen Mantel an die Garderobe, ziehe meine Schuhe aus und sage: »Aha. Und wo?«

»Eine Vierzimmerwohnung, wird gerade saniert. Zweiter Stock mit Fahrstuhl.«

»Ja. Und wo?«

»In der Nähe von meinen Eltern. Das ist doch ganz praktisch.«

Einerseits. Andererseits … Aber ich will mich nicht streiten, ich will eine Wohnung, aber vorher will ich wissen, wo sich diese Wohnung befindet, aber meine Frau scheint einen guten Grund zu haben, mir diese Information so lange wie möglich vorzuenthalten. Ich sage: »In der Nähe deiner Eltern gibt es grob geschätzt zwanzig Straßen, wenn nicht mehr. Vielleicht verrätst du mir, in welche Straße wir übermorgen müssen, sonst könnte das schwierig werden.«

Und ich merke, wie sie sich windet, wie sie sich ziert, wie sie darüber nachdenkt, wie sie mir den Straßennamen so sagen kann, dass ich sie nicht für völlig bescheuert halte, aber sie scheint nicht zu wissen, wie das gehen soll, und schließlich sagt sie, so beiläufig wie möglich: »Kastanienallee.«

»Nein.«

»Wieso?«

»Neee.«

»Warum?«

»Kommt überhaupt nicht in Frage.«

»Och …«

Kastanienallee. Ausgerechnet. Warum nicht gleich ein großes Zelt auf dem Hackeschen Markt aufstellen oder sich im Hauptbahnhof was mieten? Ich sage zu meiner Frau: »Lass uns das morgen besprechen.«

***

Am nächsten Tag habe ich keine Zeit, ich habe Sorgen, deshalb habe ich mich mit Johannes in einer Bar getroffen, in unserer Bar, Johannes und ich haben nämlich eine Bar, das ist bei manchen Männerfreundschaften nichts Besonderes, eine Bar kann zwei Freunden einfach passieren, uns passierte die Bar, weil wir beide neben die Bar gezogen sind, erst Johannes, dann ich, und in der Bar wurden wir Freunde, weil wir uns dort trafen, um zu trinken und zu reden, und als wir dann Freunde waren, gingen wir immer noch in diese Bar, aber wir tranken weniger und redeten nicht mehr so viel, aber wir waren froh, dass wir all das hatten.

Ich erzähle Johannes, dass wir ausziehen wollen, dass es nicht mehr ginge, die Miete sei dann doch zu hoch, außerdem diese Einbrüche und auch die Sanierung der Wohnung – es ist dann doch nicht das Richtige, sage ich.

»Und jetzt?«, fragt Johannes und nimmt einen Schluck von dem bayrischen Bier, für das sie in dieser Bar eine unverschämte Summe Geld nehmen.

»Jetzt suchen wir was Kleineres, Günstigeres. Das Problem ist nur«, ich zünde mir eine Zigarette an und freue mich über die kurze dramatische Pause, »das Problem ist, dass sie in die Kastanienallee ziehen möchte.«

»Wo du natürlich nicht hinwillst.«

»Nein, natürlich nicht.«

»Und wo willst du hin?«

Und vielleicht antworte ich zum ersten Mal ehrlich auf diese

Frage, weil ich darauf nicht vorbereitet war und weil Johannes mich nicht auslachen würde.

»Ich könnte auch gut rausziehen. Aufs Land, weg aus der Stadt. Vielleicht in ein Haus. Mit Garten. Auch wegen dem Kind.«

»Klar. Wegen dem Kind.« Johannes sagt das in dieser Art, dieser spöttischen Art, in dieser Erzähl-keinen-Mist-Art. Dieser Art, die die Wahrheit einfordert.

»Nicht nur wegen dem Kind«, sage ich. »Auch weil ich glaube, dass mir das gefällt. Bisschen Ruhe. Bisschen grün. Das andere brauche ich doch auch nicht mehr.«

Das andere. Das war, natürlich, da zu leben, wo die Dinge passieren, die Dinge, die einem wichtig sind, wenn man ein lässiges, ungebundenes Großstadtleben führen will. Mittendrin statt nur dabei. So, wie Menschen wie ich nun einmal lebten, bevor sie Kinder bekamen.

Wir, die Abiturienten aus der westdeutschen Provinz, verließen Mitte der 90er Jahre die Enge unserer Elternhäuser, obwohl dort natürlich keine Enge herrschte, sondern doch meistens Raum, aber das war nicht so wichtig, jedenfalls damals nicht. Eng war das Leben, weit und frei die Möglichkeiten. Wir zogen also aus unseren Zwanzig-Quadratmeter-Kinderzimmern aus und übten zum ersten Mal, wie das gehen könnte: alleine leben und wohnen. Vieles blieb deshalb einfach stehen in diesen Kinderzimmern, weshalb viele von uns auch heute noch, mit Ende dreißig, einen Ort haben, an den sie zurückkehren können und an dem es noch immer so aussieht wie vor fast zwanzig Jahren. Erwachsene Menschen haben also noch irgendwo ihr Kinderzimmer, die Eltern haben vielleicht einen Crosstrainer hineingestellt, aber im Prinzip sieht das Zimmer noch aus wie damals, als man es verlassen hat. Es wartet auf einen. Es ist da. Und es bedeutet natürlich auch, dass man sehr große Schwierigkeiten damit hat, sich ein eigenes Zuhause zu schaffen, wenn man immer noch woanders ein Zuhause hat, in dem es auch noch so viele Relikte der Heimat gibt: Das Abi-Jahrbuch steht im Regal, der Pokal vom gewonnenen Tennisturnier, die Bettwäsche von »Esprit«, die man vor sehr langer Zeit einmal für eine Alternative gehalten hat, und irgendwo liegt auch noch ein Kuscheltier, das man einmal geschenkt bekommen hat von einem Menschen, von dem man dachte, man würde ihn lieben. Diese Zimmer wirken wie ein eigenes kleines Museum – wie also soll man woanders Wurzeln schlagen können, wenn es die Wurzeln noch da gibt, wo man herkommt?

Man nahm nicht viel mit, damals: Vielleicht das Futon-Bett, das man sich gewünscht hatte, als man fünfzehn wurde und ahnte, dass man möglicherweise bald mal neben jemandem aufwachen könnte. Vielleicht die Stereoanlage, die man sich von dem Geld gekauft hatte, das man zur Konfirmation bekommen hatte. Vielleicht noch das Sofa, allerdings nur mit einem neuen Überzug oder einem Überwurf, denn das graphische Muster auf schwarzem Stoff machte vielleicht 1988 Sinn, genügte aber weder früher noch später ästhetischen Ansprüchen. Deshalb mussten auch andere Relikte des Jugendzimmerdesigns im Jugendzimmer bleiben: die Schrankwand aus Buche etwa, die praktisch war, weil sie Kleiderschrank und Bücherregal in einem war – und es dazu auch noch den passenden Schreibtisch gab, höhenverstellbar, mit orthopädisch sinnvollem Drehstuhl. Die meisten Bücher blieben auch im Schrank, in die Umzugskisten kam nur das, was man sich in den Jahren kurz zuvor gekauft hatte, drei, vier Bücher von Hermann Hesse, Camus, »Generation X« von Douglas Coupland. So war in den Kisten noch Platz für die CD-Sammlung, für Klamotten, für ein paar persönliche Dinge. Und die Mutter gab einem noch Geschirr und Besteck mit, das mittelgute, das sie nicht mehr brauchte. Wir verließen die Häuser unserer Jugend mit leichtem Gepäck.

Unsere Rettung war der Aufstieg von IKEA. Noch heute gilt es, die Läden des schwedischen Möbel-Multis in den Monaten

September und Oktober zu meiden, wenn die Erstsemester mit ihren Eltern die Küchenerstausstattungssets kaufen, Tische mit dem Namen »Lack«, Stühle und Billyregale und Schreibtische, die leicht zusammenzubauen sind. Leicht zusammenbauen. Der Fehler war ja damals, dass wir wirklich dachten, die Dinge ließen sich leicht zusammenbauen.

Während uns die Einrichtung unserer ersten eigenen Wohnung noch relativ egal war, hatten wir aber schon genaue Vorstellungen davon, wie eine Wohnung sein soll. Es musste, selbstverständlich, eine Altbauwohnung sein und somit das komplette Gegenteil von »zu Hause«, denn niemand von uns lebte in einer Altbauwohnung, Altbauwohnungen waren ein Mythos, eine Legende, ein Versprechen: Hohe Decken. Parkett, besser noch Dielen. Die Küchenausstattung war nicht so wichtig, Kühlschrank, Herd, Spüle – das ja, aber ansonsten vor allem genug Platz, um in der Küche zu sein, vor allem, wenn man Besuch hatte, schließlich dachten ja damals viele, dass der langweilige Jona-Lewie-Hit aus dem Jahr 1980, »You'll always find me in the kitchen at parties«, darauf hindeutet, dass die Küche während eines Festes der beste Platz sei, denn schließlich erzählt Lewie in dem Lied davon, dass er seine neue Freundin während einer Party in der Küche kennengelernt habe – seitdem finde man ihn nicht mehr in der Küche während einer Party.

Abgesehen davon, dass der beste Platz auf einer Party der Flur ist, sahen unsere ersten Wohnungen dann aber auch tatsächlich so aus wie ein demoliertes Jugendzimmer mit Küche und Bad an einem sturmfreien Wochenende. Endlich so leben, wie man wollte, wie man es sich vorstellte, das Problem war nur: Wir hatten keine Vorstellung. Wir kannten ja nichts anderes, wir wussten, wie unsere Eltern lebten. Es gab keinen Entwurf, es gab höchstens den IKEA-Katalog.

Das Wichtigste war aber, dass die Wohnung in einem Viertel war, in dem alle Menschen so aussahen wie wir selber. Wir wollten nicht da leben, wo die Alten leben, die Familien, die Idioten. Wir wollten da leben, wo wir hingehörten, wo die Bars waren und die Clubs, die kleinen, netten Läden. Das Draußen war am Anfang wichtiger als das Drinnen, unsere ersten Wohnungen mussten Minimalanforderungen genügen, viele begnügten sich mit einem Zimmer in sogenannten Wohngemeinschaften, was allerdings überwiegend finanzielle Gründe hatte, denn wenn es so phantastisch ist, in einer Wohngemeinschaft zu leben, warum ziehen dann alle sofort aus, wenn sie sich was Eigenes leisten können?

Ich habe nie in einer Wohngemeinschaft gelebt, was mich daran stört, ist die Gemeinschaft, denn ich stimme dem Jahrhundertkünstler PeterLicht auch in dieser Sache zu: »Gesellschaft ist toll, wenn nur all die Leute nicht wären.« Ich habe allein in Wohnungen gelebt, vorher in einem Haus, zusammen mit meiner Familie, das ist so ähnlich wie allein.

Meine Frau hat noch nie in einem Haus gelebt, wahrscheinlich ist für sie ein Haus auch das Ende des Lebens, sie lebte immer in Wohnungen in der Stadt. Manchmal, wenn wir bei meiner Familie zu Besuch waren, fürchtete sie sich in dem Haus, in dem ich aufgewachsen bin. Sie meinte, dass man in so ein Haus wahnsinnig leicht einbrechen könne. Auf meinen Hinweis, dass es dieses Haus seit über hundert Jahren gebe und dass in diesen hundert Jahren noch nie eingebrochen wurde, sagte sie, dass es dann statistisch gesehen jeden Moment passieren müsse. Ich war unfähig, darauf eine halbwegs intelligente Antwort zu geben.

Die ersten zehn Jahre meines Lebens verbrachte ich in diesem Haus. Es war das Haus meiner Großeltern, es war groß, riesig, vor dem Haus war ein großer Garten, hinter dem Haus ein riesiger Hof, denn meinem Großvater gehörte eine Firma, Hoch- und Tiefbau, Straßen, Ausschachtungen, solche Sachen. Auf diesem Hof standen LKWs, Bagger, Rohre, Steine, es gab eine Tankstelle und eine Werkstatt, und hinter dieser Werk-statt gab es ein Feld, auf dem meine Großmutter Kartoffeln und Gemüse anbaute. Warum sie das tat, war mir immer un-klar, der nächste Supermarkt war fünf Minuten entfernt, dort gab es alles, Kartoffeln und Gemüse inbegriffen, aber tatsäch-lich fand ich das Feld wunderbar, denn ein kleiner Teil war Ra-sen und auf diesen Rasen stellte mein Großvater ein Tor zum Fußballspielen und eine kleine Hütte, in die man eigentlich Gartengeräte stellt, aber ich nutzte diese Hütte für mich, es war meine Hütte, in meinen Träumen wohnte ich da drin. Und weil meine Träume wahr werden sollten, packte ich eines Tages, ich war vielleicht sechs oder sieben Jahre alt, eine große Tüte mit meinen Spielsachen und schleppte sie quer über den gan-zen Hof bis zu meiner Hütte. Dort leerte ich die Tüte aus und baute alles genau so auf, wie es vorher in meinem Spielzimmer stand. Hier, in meiner Hütte, dachte ich, könnte ich jetzt den Rest meines Lebens verbringen. Es war, wenn man so will, mein erstes eigenes Haus.

Als ich elf Jahre alt war, zog ich mit meiner Mutter in eine Wohnung im Haus nebenan, denn es wurde wohl für meine Mutter langsam Zeit, bei ihren Eltern auszuziehen – ein Schritt, den ich durchaus verstand. Doch nach wie vor spielte ich im Garten und auf dem Hof meiner Großeltern, ich ging zum Mit-tagessen zu ihnen, ich ging in meine Hütte, in der allerdings kein Spielzeug mehr war, denn zum Spielen war mir die Hütte schnell zu klein und zu kalt geworden. Hinter der Hütte rauchte ich meine erste Zigarette, hier saß ich mit meinen Freunden, wir schauten auf die Welt und hatten zum ersten Mal eine Ahnung davon, wie ungerecht das Leben einmal werden würde.

Meine Mutter und ich kamen gut miteinander zurecht, ob-wohl unsere Wohnung klein war. Wir teilten uns Küche, Bad und Wohnzimmer, außerdem gab es ein Zimmer für mich und ein kleineres Zimmer für meine Mutter – sie konnte in ihrem

Zimmer machen, was sie wollte, ich konnte in meinem Zimmer machen, was ich wollte, und die meiste Zeit war ich damit beschäftigt, die Möbel hin- und herzurücken. Meiner Mutter ging das furchtbar auf die Nerven, aber einmal im Monat fiel mir auf, dass mein Zimmer so nun wirklich nicht bleiben konnte. Ich verrückte das Bett, den Schreibtisch, das Sofa. Ich arrangierte die Dinge neu und freute mich, dass das Zimmer anders aussah, anders wirkte, aber nach ein paar Wochen war der Zauber des Neuen vorbei und ich begann von vorne. Als meine Mutter meiner Oma davon erzählte, erinnerten sich beide an meine Urgroßmutter. Die Frau habe auch ständig alles neu und anders platziert, immer sei ihr eingefallen, wo etwas noch besser stehen könnte, und meine Mutter und meine Großmutter kamen zu dem Schluss, dass das genetisch bedingt sei.

Während ich also von Geburt an ein Hauskind bin, ist meine Frau ein Kind der Wohnung. Sie hat ihr ganzes Leben in Wohnungen verbracht, allerdings auch in Großstädten. Zuerst in Berlin, dann in Moskau, dann wieder in Berlin. Das wirkt sich im Straßenverkehr durchaus positiv aus. Das Konzept »Haus« jedoch war meiner Frau zeitlebens fremd, wenn nicht gar unheimlich.

***

Ich sage zu Johannes: »Man erinnert sich doch zwangsläufig daran, wie man aufgewachsen ist, wenn man darüber nachdenkt, wie man leben will. Auch meine Frau erinnert sich wahrscheinlich einfach daran, wie sie aufgewachsen ist. Das darf ich nicht vergessen, niemals. Während für mich die Kastanienallee der Ballermann der Erasmusstudenten ist, ist diese Straße für sie tatsächlich so etwas wie Heimat, Geborgenheit, zu Hause. Ihre Eltern wohnen da. Sie ist da zur Schule gegangen. Wo ich einen völlig überflüssigen Turnschuh-Designerladen mit Lattemacchiato-Ausschank sehe, sieht sie den Fleischer, der da mal war.«

»Dann schau dir doch diese Wohnung erst mal an. Ihr zuliebe. Man muss ja auch nicht gleich alles überstürzen. Und wer weiß: Am Ende gefällt dir die Wohnung sogar.«

»Ja. Wer weiß«, sage ich, trinke mein Bier aus und fahre nach Hause.

***

»Mir gefällt die Wohnung nicht«, flüstere ich meiner Frau zu, damit die Maklerin es nicht hört, aber meine Frau hört nicht zu, sie lächelt. Wir stehen in einer dunklen, schlecht geschnittenen Wohnung, in der man nur ahnen kann, wie grauenhaft sie einmal aussehen würde, wenn die Sanierungsarbeiten beendet sind. Ich fühle mich sofort unwohl. In den zwei Zimmern zur Straße kann man nicht miteinander reden, weil die Straßenbahnen im Fünf-Minuten-Takt fahren. Wir hatten keinen Parkplatz in unmittelbarer Nähe gefunden, die Menschen auf dem Bürgersteig sahen alle aus wie zwölfjährige Heroinabhängige. Die Maklerin lügt, wenn sie nur den Mund aufmacht, das spüre ich nicht, das weiß ich. Sie sagt, dass man versuchen werde, das alte Parkett zu erhalten, und dort, wo das nicht möglich sei, werde man hochwertigen Ersatz verlegen. Der gesamte Boden der Wohnung ist mit Folien bedeckt, die Maklerin hebt die Folie im Wohnzimmer etwas an, und zum Vorschein kommt Fischgrätparkett, und meine Frau muss sich zusammenreißen, damit sie nicht laut losjubelt. Das Bad hat kein Fenster und ist noch nicht gefliest, am Ende der Küche befindet sich noch ein Zimmer, meine Frau sagt, das würde dann das Schlafzimmer werden. Ich kann das alles gar nicht fassen. Die Maklerin erzählt uns dann noch den üblichen Unsinn über die Kastanienallee, über diese begehrte Wohnlage, über die hochwertige Sanierung, die natürlich am

Tag unsres Einzugs abgeschlossen sei. Sie erzählt davon, dass man die Miete hier bewusst noch niedrig halte, damit Familien einziehen konnten. Sie schwärmt von den Mietern, die bereits ihre Verträge unterzeichnet hätten, nette Leute allesamt. Dann lässt sie uns kurz allein, alter Maklertrick, damit man sich in Ruhe unterhalten kann.

»Die nehmen wir«, sagt meine Frau und strahlt. Und in diesem Moment hätte ich eigentlich sagen müssen, dass wir diese Wohnung bestimmt nicht nehmen, dass sie den Verstand verloren haben muss, das hier als Wohnung zu bezeichnen, und dass ich lieber drei Monate mietfrei im Horrorhaus leben würde als hier, aber ich sage nichts. Denn plötzlich habe ich einen Moment völliger Klarheit. Weisheit durchströmt mich. Einsicht. Auf einmal ist da ein Plan, den genial zu nennen eigentlich noch untertrieben wäre. Ein Plan wie acht Schachzüge, und beim letzten Zug ist der Gegner matt. Ein Plan, der vorgibt, dass ich mich zurückziehe, dass ich mich geschlagen gebe. Wir würden hier einziehen, und es würde so schlimm sein, so grauenvoll, so unerträglich, dass meine Frau von selber draufkommen musste. Dass man so nicht leben kann. Und während meine Frau das herausfindet, werde ich herausfinden, wie man denn tatsächlich leben könnte.

»Okay. Wenn du meinst, dann nehmen wir sie«, sage ich und fühle mich gut und schlecht zugleich.

Zwei Tage später unterschreiben wir den Mietvertrag.

PFUSCH

Ich liege im Bett und kann nicht schlafen. Ich liege auf dem Rücken und kann nicht schlafen. Ich drehe mich auf die linke Seite und kann nicht schlafen. Ich drehe mich auf die rechte Seite und kann nicht schlafen. Ich liege auf dem Bauch und kann nicht schlafen. Weil ich nicht schlafen kann, schaue ich auf den Wecker. Halb drei. Ich denke, es ist halb drei und ich kann nicht schlafen. Ich denke, dass ich früher um halb drei erst ins Bett gegangen bin und schlafen konnte, aber das ist lange her. Ich schaue rüber zu meiner Frau und sage: »Ich kann nicht schlafen. Und du?« Und obwohl sie nichts sagt, ahne ich die Antwort: Entweder sie kann schlafen – oder sie hat meine Frage nicht richtig gehört. Wegen des Lärms. Wegen dieser Geräusche. Wegen des Bumms und des Lachens und der knarrenden Böden und der hohen Schuhe und der fehlenden Trittschalldämmung und der Gäste und der guten Laune und des Lebens, das über uns stattfindet.

Über uns. Da wohnt nämlich eine Schauspielerin, eine von denen, die eher so mittelmäßig im Geschäft sind, was wahrscheinlich an ihrem mittelmäßigen Talent liegt. Allerdings ist ihr Freundeskreis quantitativ nicht mittelmäßig, sondern beachtlich. Nette Leute allesamt. Kommen gerne mal vorbei. Bleiben dann auch gerne mal länger. Trinken noch eine Flasche Wein. Sind auch viele Schauspieler darunter. Viele mit Tagesfreizeit. Viele, die wohl übers Wochenende nicht in Berlin sind, denn an den Wochenenden herrscht in der Wohnung über uns

Stille. Laut wird es nur während der Woche, wobei laut es nicht richtig trifft.

Als wir einen Monat in der neuen Wohnung lebten und ich bereits fünfmal nicht schlafen konnte wegen denen da oben, wollte ich beim sechsten Mal die Polizei rufen. Es war Mittwoch früh kurz nach drei. Meine Frau fragte: »Was willst du der Polizei sagen?«

Ich sagte: »Ruhestörung!«

Meine Frau sagte: »Die sind aber nicht laut.«

Ich sagte: »Aber ich höre sie doch.«

Meine Frau sagte: »Das liegt am Haus. Das Haus ist schuld.« Und meine Frau hatte natürlich recht. Tatsächlich sind die Freunde der Schauspielerin nicht laut. Sie treffen sich, essen zusammen, reden, lachen, manchmal gehen sie aufs Klo. Sie hören keine laute Musik, sie schlachten keine Lämmer, sie feiern keine Orgien, sie fahren nicht mit Motorrollern durch die Wohnung – sie benehmen sich gesittet. Aber weil das Haus, in das wir eingezogen sind, selbst für gesittete Abendveranstaltungen nicht ausgerichtet ist, dringt sogar Geschirrgeklapper nach unten. Fehlende Trittschalldämmung ist das Stichwort, freundlicher ausgedrückt, in der anerkannten Sprache der Makler: Altbaucharme.

Ich stehe auf und gehe auf den Balkon, um eine Zigarette zu rauchen, obwohl »Balkon« ein großes Wort für eine kleine Sache ist. Der Balkon ist eigentlich nur ein Austritt, ich passe gerade so drauf, mit Zigarette wird es eng. Während ich versuche, mir meine Zigarette anzuzünden, ohne mich dabei zu verletzen, höre ich, dass der Mann und die Frau, die unter uns wohnen, vor der offenen Balkontür ein »Beziehungsgespräch« führen. Wobei es sich bei dem, was der Mann und die Frau miteinander haben, streng genommen nicht um eine Beziehung handelt – und die beiden die qualitativen Standards eines Gesprächs auch nur bedingt erfüllen. Das konnte ich in der

Vergangenheit beim Rauchen um drei Uhr früh immer wieder feststellen.

Ich habe die beiden nie gesehen, weder den Mann noch die Frau, ich habe keine Ahnung, wie sie aussehen, und doch weiß ich alles über die beiden, denn sie führen ein öffentliches Leben, ihr Leben findet vor der offenen Balkontür statt, dort klären sie die Dinge ihres Lebens, bevorzugt nachts. Abends haben sie dazu keine Gelegenheit, denn bis 22 Uhr hören sie Musik, im Wechsel »Klassikhits aus der Werbung« oder Musik von Menschen, die vor zehn Jahren mal bei »Wetten, dass ...?« aufgetreten sind: langweilige Musik, die auch dadurch nicht besser wird, dass man sie laut hört. Es ist auch keine Musik, die einem Antworten auf das Leben liefern könnte, sonst müssten die beiden nicht diese Gespräche führen, denn offensichtlich haben sie sich im Leben ganz schlimm verlaufen, und das könnte möglicherweise auch an ihrem Musikgeschmack liegen. Sie sind irgendwie ein Paar, das schon, aber sie scheint einer alten Liebe nachzutrauern, offensichtlich trifft sie den Mann noch ab und zu und hat Sex mit ihm. Ihr neuer Partner scheint das zu akzeptieren, er hat in seinem Leben nie sonderlich viel Glück mit den Frauen gehabt, sie begehrten ihn nicht, sie wollten ihn nicht. Diese hier will ihn, denn er ist »so ein netter Mann«, allerdings »hast du etwas Besseres verdient als mich«. Solche Gespräche hören sich nicht besser an, sondern schlechter, wenn man flüstert, die ganze Belanglosigkeit, die ganze Lüge wird dann erst hörbar, und es wundert mich jedes Mal, dass das zwar mir auffällt, aber anscheinend nicht den beiden.

Während sie also im Gespräch ihren letzten Rest von Würde verlieren, bedauere ich mich selbst, denn schließlich bin ich von Idioten umzingelt, aber diese Wohnung bietet keinen Schutz davor, ich bin den Idioten schutzlos ausgeliefert, es gibt kein Entkommen, und obwohl mein Plan eigentlich darin bestand, dass meine Frau von selbst meine Erkenntnisstufe erreicht, muss ich die Dinge beschleunigen, denn sonst, das wusste ich in jeder Nacht auf dem Balkon, würde ich vielleicht noch etwas tun, was mir später einmal leidtun würde, wenn sie mich aus dem Gefängnis entlassen. Ich bin tatsächlich kurz davor, durchzudrehen.

Es ist halb vier in der Nacht, und ich wecke meine Frau.

»Wir ziehen aus.«

»Jetzt?« Ihre Stimme klingt überraschenderweise schlaftrunken, sie sieht mich nicht an, sie wendet sich ab, kuschelt sich tiefer in ihre Decke.

Ich sage: »Am besten morgen.«

Sie sagt: »Okay.«

Mit dem guten Gefühl, dass das geklärt ist, lege ich mich neben sie und schlafe sofort ein.

***

Am Abend geht meine Frau aus, sie trifft sich mit einer Freundin, sie wollen ins Kino, danach noch ein Getränk oder zwei, sie wird gegen Mitternacht zu Hause sein, das ist unsere Zeit seit ein paar Jahren: Mitternacht, im Prinzip schon viel zu spät, denn was man ja nicht wusste, als man noch sehr viel und sehr oft und sehr bestimmt ausgegangen ist: Mitternacht ist der Moment, wo der Tag beginnt.

Immer so gegen 20 Uhr ist der Moment, in dem sich entscheidet, ob der Abend gut wird oder nicht. Wenn Dieüberuns bis 20 Uhr keine Gäste hat, dann kommt in der Regel auch keiner mehr. Wenn Dieunteruns bis 20 Uhr nicht ihre Drecksmusik spielen, sind sie nicht da. Wenn es um 20 Uhr ruhig ist, dann wird es so bleiben.

Bevor meine Frau gegangen ist, saßen wir noch am Küchentisch, sie gab unserer Tochter einen Kuss, dann gab sie mir einen Kuss, dann war sie weg. Jetzt frage ich meine Tochter, ob sie noch Hunger hat, aber sie schüttelt den Kopf. Wir gehen ins Badezimmer, ihr Schlafanzug liegt schon auf der Heizung, ich ziehe sie aus, putze ihr die Zähne, wasche Gesicht und Hände. Kämmen will sie sich selbst, nur dann, behauptet sie, würde es nicht »ziepen«, was vor allem daran liegt, dass sie sich ihre Haare mit der Seite des Kamms kämmt, an dem keine Zinken sind.

Weil die Tür des Badezimmers direkt gegenüber der Wohnungstür ist, habe ich ein Handtuch vor die Türritze gelegt. Sonst zieht es, und zwar völlig unabhängig vom Wetter. Es zieht in der Wohnung eigentlich andauernd, weil die Wohnungstür nicht richtig eingehängt wurde, was ich der Hausverwaltung einmal pro Woche schriftlich mitteile. Ich bin allerdings zu dem Schluss gekommen, dass die Hausverwaltung meine Mails eher als Newsletter ansieht – dadurch werden sie darüber informiert, worüber wir uns so Gedanken machen. Wahrscheinlich macht die Hausverwaltung mit diesen Newslettern genau das, was ich auch mit Newslettern mache: sofort löschen.

Seit wir in der Wohnung leben, ist meine Tochter oft krank, sie hustet und hat Schnupfen, die Wohnung macht sie krank, körperlich, so wie die Wohnung mich seelisch krank macht. Ich frage sie im Badezimmer: »Welches Buch soll ich dir denn noch vorlesen?«

»Das neue!«

»Das neue? Was für ein neues?«

»Was ich heute mit Mama gekauft habe.«

Meine Frau kann an keiner Kinderbuchhandlung vorbeigehen, ohne mal kurz reinzuschauen. »Ich schau mal kurz rein«, sagt sie, wenn wir an einer vorbeikommen. Nach fünf Minuten kommt sie wieder raus und hat im Schnitt zwei Kinderbücher gekauft. Unsere Tochter ist zweieinhalb, sie könnte eigentlich morgen mit der Kita aufhören und einen Kinderbuchladen eröffnen.

Ich ziehe ihr den Schlafanzug an und trage sie in ihr Bett, ein

Bett »mit Zaun«. Ich stelle mir einen Stuhl daneben und sehe die Tüte des Kinderbuchladens.

»Da drin?«, frage ich meine Tochter, und sie nickt. Ich hole das Buch heraus, »Eine Geburtstagstorte für die Katze« von Sven Nordquist aus seiner Reihe über den Kater Findus und den alten Petterson. Ich schlage die erste Seite auf und sehe die Kinderbuchzeichnung eines Hofes irgendwo in Schweden: ein Haus, ein Stall, ein Schuppen, Rasen, Felder drum herum.

Ein Haus, ein Stall, ein Schuppen, Rasen, Felder drum herum. Ist es das? Ist es am Ende so einfach?

»Ich kann nichts sehen«, sagt meine Tochter, also halte ich das Buch etwas tiefer und fange an zu lesen.

Als sie eingeschlafen ist, nehme ich das Buch mit ins Wohnzimmer. Bevor ich mich setze, bleibe ich einen Augenblick wie angewurzelt stehen. Um zu horchen. Aber ich höre: nichts. Stille, kein Geräusch von oben, kein Geräusch von unten. Ich setze mich mit dem Buch aufs Sofa und schaue mir die erste Seite noch einmal an, diesmal genauer: das Haus, den Stall, den Schuppen, den Rasen, die Felder drum herum. Das Haus. Türen, Fenster, Blumen davor. Es ist rot. Es steht einfach so da. Das Haus. Ich stehe davor, meine Tochter läuft über eine Wiese, zwei Hunde begleiten sie, die Sonne scheint. Meine Frau sitzt auf einer Bank vor dem Haus und liest ein Buch, sie trägt ein weißes Sommerkleid und keine Schuhe. Ich gehe rüber zum Schuppen, in der Hand halte ich einen Fahrradreifen, trotz der Wärme geht ein leichter Wind. Im Schuppen flicke ich den Reifen, als ich ihn wieder an das Rad montiere, sehe ich, wie meine Frau und meine Tochter auf dem Rasen tanzen. »Willst du ein Bier?«, fragt mich meine Frau, und ich antworte ihr: »Och, vielleicht später. Nach dem Essen, wenn wir noch ein bisschen im Garten sitzen und zuschauen, wie die Sonne untergeht, und wir aus der Ferne unser Lied hören und wenn …«

»Bin wieder da!«

Ich muss eingeschlafen sein und springe vom Sofa auf, um meine Frau im Flur zu begrüßen, aber das Erste, was ich zu ihr sage, ist: »Oder wir kaufen ein Haus …«

***

»Findus und Petterson?« Meine Frau schaut mich an, wie sie es manchmal tut, mit diesem Blick, den ich immer interpretiere als: »Wieso habe ich eigentlich den geheiratet?« Sie hat sich die Jacke ausgezogen und die Tasche abgestellt, und jetzt sitzt sie neben mir auf dem Sofa.

»Ja. Hier. Guck«, sage ich und zeige ihr die erste Doppelseite des Buches.

»Das ist eine Zeichnung in einem Kinderbuch«, sagt meine Frau.

»Ja, irre, oder?«, sage ich. »Ich konnte das erst auch nicht fassen, aber als ich dann drüber nachgedacht habe, sah ich alles ganz klar vor mir: Du und ich und das Kind könnten da leben. So leben. So ähnlich jedenfalls.«

»Wir leben in Berlin. Wir beide arbeiten in Berlin. Das Buch spielt – so weit man das von einem Kinderbuch sagen kann – in Schweden, und in dem Haus lebt ein alter Mann mit einem Kater, der sprechen kann.«

»Wenn man jetzt mal diese Kleinigkeiten beiseitelässt und sich nur mal die Idee anschaut …«

»Welche Idee?«

»Die Idee, in einem Haus zu leben …«

Meine Frau schaut mich an, als ob ich ihr vorgeschlagen hätte, die Zivilisation hinter uns zu lassen und in einem fernen, fremden Land noch mal ganz von vorne anzufangen.

Sie sagt: »Ich kann nicht in einem Haus leben«, und das klingt wie eine Feststellung, so wie manche Menschen sagen: »Ich kann nicht kochen«, deshalb sage ich: »Das kann man lernen.« Und das war natürlich ein Witz, ein kleiner dummer Scherz, aber meine Frau schaut mich an, als ob ich ihr vorgeschlagen hätte, doch mal bei der RTL-2-Sendung »Frauentausch« mitzumachen, also versuche ich es argumentativ und stelle mir dabei vor, ich würde meiner Tochter etwas erklären. Ich sage: »Schau doch mal. Es scheint in ganz Berlin keine Wohnung zu geben, die für uns passt. Das kann vorkommen. Das ist wie bei ganz großen oder ganz dicken Menschen. Die finden auch nichts zum Anziehen, wenn sie in einen Laden gehen. Die müssen zum Schneider, am besten zu einem Spezialschneider. Der nimmt dann ihre Maße, spricht mit ihnen über Stoffe und über das Design und fertigt dann extra für diese ganz großen oder ganz dicken Menschen was ganz Tolles an. Etwas, das ihnen passt wie angegossen. Damit sie sich darin wohl fühlen. Damit sie nie wieder was anderes anziehen wollen. Und wir müssen jetzt auch so etwas finden.«

»Einen Spezialschneider?«

Und in diesem Moment weiß ich wieder, dass mein Schicksal nicht darin besteht, dass mir die besten Sätze nur unter der Dusche einfallen. Mein Schicksal besteht darin, dass meine besten Sätze niemand versteht.

***

Ein Haus. Vier Wände, oben ein Dach. Im Prinzip ganz einfach. Noch eine Tür, ein paar Fenster – fertig. Große Idee, ich frage mich nur, warum ich darauf nicht schon eher gekommen bin. Während meine Frau ins Bett geht, schaue ich noch einmal nach, was das eigentlich genau ist, so ein Haus. Ich stehe vor dem Bücherregal und schaue ins Lexikon, da steht: »Ein Haus ist ein Gebäude, das Menschen zum Wohnen, als Unterkunft und Beschäftigung dient.« Im Prinzip also genau das, was ich haben will, tatsächlich scheint es aber noch viel mehr zu sein, denn da steht auch, dass »Haus« im Althochdeutschen »hûs« hieß, und das bedeutete ursprünglich »das Bedeckende«, aber das Irre ist, dass selbst das noch eine Grundbedeutung hat, die noch viel älter ist und aus dem Indogermanischen stammt – und diese Bedeutung lautet: »Schutz, umhüllen«.

Schutz. Natürlich. Das ist es in Wirklichkeit. Ich baue kein Haus, ich baue mir einen Schutz, einen Schutz für meine Familie, für meine Frau, damit sie nicht wegläuft, für mein Kind, damit ihm nichts passiert. Aber wohl auch und vielleicht vor allem: einen Schutz für mich, Schutz vor den Widrigkeiten der Welt, den Widrigkeiten des Lebens. Schutz vor all den Idioten, dem Pack und Gesocks, das über mir durch die Wohnung trampelt und unter mir Beziehungsgespräche führt. Schutz vor den Menschen. Weil ich sie nicht mag. Und weil sie mich nicht mögen. Weil wir uns nicht gut verstehen.

∗∗∗

Am nächsten Abend bin ich mit Johannes in der Bar verabredet. Er sitzt bereits an der Theke, vor sich zwei Bier, und raucht, zur Begrüßung sage ich zu ihm: »Wir ziehen in ein Haus.«

»Ja, ich freu mich auch riesig, dich zu sehen, und vor allem freue ich mich, dass es dir anscheinend in eurer neuen Wohnung so gut gefällt.«

Ich nehme einen großen Schluck und sage: »Heute ist nicht der richtige Tag für dumme Witze, mein Lieber. Die Suche hat begonnen. Im sogenannten Umland bekommt man für einen Appel und ein Ei Bauland. Die schmeißen einem das regelrecht hinterher. Und die S-Bahn-Anbindungen sind viel besser, als man sich vorstellen kann. Zwanzig-Minuten-Takt. Halbe Stunde bis Friedrichstraße. Ich meine, wenn Stau ist, brauche ich von der Kastanienallee genauso lange, und …«

Johannes unterbricht mich: »Sei jetzt bitte nicht albern, du kannst nicht wieder aufs Land ziehen, du erinnerst dich vielleicht: Du kommst vom Land, du kannst nicht wieder dahin zurück, du hattest damals gute Gründe, in die Großstadt zu ziehen. Das Leben, der Job«, er macht eine ausladende Handbewegung, »das alles hier.«

Ich blicke mich um. Ich sehe einen Vollalkoholiker, der gerade ein sehr intensives Gespräch mit seiner Zigarettenschachtel führt. Ich sehe drei Männer in schlechtsitzenden Anzügen, die einen billigen Whiskey trinken und dabei Zigarren rauchen und sich ganz furchtbar über etwas aufregen, bis einer der drei sagt: »Na ja, wir können das ja eh nicht entscheiden.« Ich sehe zwei Frauen, deren Lebenswippe gerade zu kippen scheint – und zwar in die Richtung, in der es wohl nichts mehr wird mit einem Mann und einem Kind und einem richtigen Job, und für die eine schöne Konstante das Abo der Zeitschrift »Gala« ist. »Du hast recht. Das alles hier ist wahnsinnig toll. Danke, dass du mich darauf aufmerksam gemacht hast.«

»Werd nicht zynisch. Du weißt, wie ich das meine. Und du weißt auch, dass deine schlechte Laune, dein Unglück gleichzeitig dein Antrieb ist. Du musst unzufrieden sein. Sonst hat das Leben für dich keinen Sinn. Du musst jammern und wehklagen und alles schlimm finden. Deshalb wohnst du ja nicht mehr zu Hause. Dein Weltekel brauchte Nahrung.«

Ich sage, nicht ohne eine Gewisse Dramatik in der Stimme: »Der Junge kann vielleicht die Provinz verlassen, aber die Provinz verlässt niemals den Jungen.«

»Das hast du auf dem Weg hierher schön auswendig gelernt. Es stimmt trotzdem nicht. Du bist ein Mann der Großstadt. Du bist ein Wohnungsmann. Es gab Gründe, warum du weggegangen bist aus der Provinz. Es gab da keinen Platz für deine Träume und für deine Sehnsüchte. Es gab dafür kein Verständnis. Deshalb bist du jetzt hier. Deshalb lebst du seit Jahren in Wohnungen in der Stadt. Weil du kein Haus haben wolltest. Weil du in den vergangenen fünfzehn Jahren neunmal umgezogen bist. Weil du ins Kino gehst, ins Theater, ins Café. Weil du gerne italienisch isst. Weil du mit mir einmal die Woche in eine Bar gehst. Weil das das Leben ist, das du dir einmal ausgesucht hast.«

»Vielleicht habe ich ja einen Fehler gemacht.«

»Quatsch, Fehler!« Johannes wird langsam richtig sauer, er hat sich in Rage geredet, er spricht von mir und meint sich, vielleicht hat er auch Angst davor, in Zukunft alleine in der Bar ein Bier trinken zu gehen. Abgesehen davon finde ich es ein bisschen absurd, dass ich nicht nur meine Frau von meinem Plan überzeugen muss, sondern auch noch meinen besten Freund. Aber vielleicht muss das ja sein. Vielleicht überzeuge ich mich damit nur selbst, vielleicht will ich alle Zweifel, die noch in mir wüten, dadurch ausräumen, dass ich nicht aufhöre, die Idee zu verteidigen. Und so beginne ich mein Schlussplädoyer:

»Wann war ich denn das letzte Mal im Kino? Oder im Theater? Wann bin ich zuletzt ausgegangen bis zum Morgengrauen und bin mit federnden Schritten vom Club zurück in meine Wohnung getanzt? Wann war ich zum letzten Mal abends aus zum Essen? Wann war ich zuletzt im Museum, in der Oper? Wann war ich zuletzt auf dem Ku'damm oder im Grunewald? Mein Radius in dieser Stadt ist doch sehr begrenzt, ich bewege mich hier auf niedrigem Dorfniveau, ich komme ja quasi überall zu Fuß hin. Und jetzt frage ich dich: Ist das wohl das Leben, das ich mir einmal vorgestellt habe, als ich den Ort, aus dem ich komme, verlassen habe? Und was sind diese Vorstellungen überhaupt wert? Ich hatte mal einen Freund, einen guten Freund, ich bin mit ihm zur Schule gegangen, und seine Vorstellungen vom Leben spielten nicht hier, sondern in Los Angeles. Dort wollte er leben, das war sein Traum, seine Idee. Der lebt heute zwei Dörfer weiter, im Haus seiner Schwiegereltern. Die haben das Dach ausgebaut, unten durch und oben noch mal so groß, und nach allem, was ich weiß, ist dieser Mann heute glücklich und denkt nicht jeden Tag und jede Nacht an Los Angeles. Ich meine, mein Gott, wie man sich das Leben einmal vorstellt – wie man leben will, wie das dann aussieht! Natürlich hat mich das Haus geprägt, in dem ich aufgewachsen bin und in dem ich glücklich war und es immer noch bin, wann immer ich dorthin zurückkehre. Ein Sehnsuchtsort, von Anfang an.«

»Aber du kannst dir das Haus deiner Kindheit nicht am Stadtrand nachbauen. Ihr müsst einen Kompromiss finden, vielleicht ein …« Und in diesem Moment, in dieser Sekunde weiß ich, was Johannes sagen will, und ich weiß, dass er recht hat, dass alles stimmt, dass es die Antwort auf alle Fragen ist, die Lösung aller Probleme.

»… ein Townhouse?«

»Ja, vielleicht ein Townhouse. Ein Haus in der Stadt. Gibt doch genug in Berlin, werden doch dauernd irgendwo welche gebaut. Die kann man auch mieten.«

»Ein Townhouse.« Obwohl ich den Begriff nicht mochte, von Anfang an nicht, spürte ich ihm nach. Wäre das vielleicht die Lösung? Vor sechs oder sieben Jahren stand im »Spiegel« eine große Geschichte über die Rückkehr des Townhouses. In Großstädten entdecke man diese Form des Bauens wieder neu, der Zeitgeist oder so etwas Ähnliches verlange danach. Weil nämlich dadurch die Städte für Familien wieder attraktiver würden, sie hätten ihr eigenes Haus mit einem kleinen Garten, und weil ein Townhouse viel weniger Platz brauche als ein klassisches Einfamilienhaus, passe es eben gut in deutsche Großstädte. Damals, als die Geschichte im »Spiegel« erschien, ging es auch um ein Bauvorhaben in dem Kiez, in dem ich damals wohnte, eine ganze Townhouseanlage wurde auf einem ehemaligen Brauereigelände errichtet, die Häuser waren in wenigen Wochen alle verkauft. Begonnen hatte der Boom allerdings schon einige Jahre vorher, als am Werderschen Markt in Mitte, da, wo jetzt das Außenministerium steht, durch Townhäuser ein ganzes Viertel neu entstand und Familien in eine Gegend ziehen konnten, die eigentlich familienfeindlich war. Das waren die guten Nachrichten, die schlechte Nachricht war, dass das Townhouse in Berlin kein gutes Image hatte, von Anfang an nicht. Das Townhouse ist zu einer Art Symbol für die Gentrifizierung geworden, es würde eine Art des Wohnens und Lebens begünstigen, die in der Stadt nichts zu suchen habe, denn Stadt – so die Gentrifizierungsgegner – müsse kalt und hart und böse sein, Bullerbü müsse draußen bleiben, denn in Townhäusern, so die Logik, sei das Bionade-Biedermeier zu Hause, die Prenzlauer-Berg-Schwaben, das saturierte Wohlstandspack, aber ich glaube, da wird historisch gesehen einiges durcheinandergebracht.

»Du findest das spießig, oder?«, sage ich zu Johannes, und er schaut mich fragend an. »So ein Townhaus, ein Reihenhaus. Du findest das spießig, reaktionär, ein Rückschritt in der Evolution im Wohnen des modernen Menschen. Du denkst an Vorstadthölle, an »Desperate Housewives«, an Gartenzwerge und gestutzte Hecken. Du denkst an das hässliche kleine Deutschland unserer Eltern.«

Johannes nickt. Und er hat recht, ich weiß, dass er recht hat. Ich habe schließlich darüber geschrieben, vielleicht einmal zu oft, in Texten für Magazine, in Büchern, ich habe mich abgearbeitet an meiner Generation, und das Ergebnis war, dass meine Generation jetzt nichts mehr mit mir zu tun haben will – und ich nicht mit ihr, deshalb will ich ja auch weg von dort, wo meine Generation lebt, aber so wie ich sie kenne, ist sie so wie ich schon längst auf dem gleichen Weg wie ich, denn schließlich glaube ich das, was mir der Soziologe Heinz Bude einmal erklärt hat und was ich seitdem immer wieder aufschreibe. Er sagte damals zu mir: »Wenn man etwas nur mit der Generation erklären will, geht es nicht. Es geht aber eben auch nicht ohne. Die eigentliche Enttäuschung über den Generationenbegriff ist, dass die Leute dachten, damit könne man alles erklären – das war nie richtig.« Aber natürlich könne man die Lebensauffassung eines Menschen mit der Generation beschreiben – vor allem bei den Älteren, die ein gesellschaftliches Totalereignis erlebt haben: Krieg, Inflation, Revolution. »Ihre Generation verfügt nicht über ein gesellschaftliches Totalereignis. Deshalb ist bei Ihnen auch alles ein bisschen müder, ein bisschen kleiner, ein bisschen langweiliger.«

Müde, klein, langweilig. So sieht der Soziologe Heinz Bude meine Generation. Er wusste damals auch, welche Dinge für uns wichtig sind: »Bildung, Gesundheit und Sicherheit – nicht gesellschaftlicher Aufbruch oder Avantgardismus. Sie sind außerdem die ersten vom Kompetenzbegriff Geschädigten. Ihnen wurde vermittelt, dass es auf Kompetenz ankommt, bei mir waren es noch Inhalte.« Heinz Bude sprach all das ohne Bedauern aus, auch ohne Vorwurf. Es ist halt so. Müde, klein, langweilig. Bude sagte, wir seien Getriebene, wir müssten immer weiterlernen, ohne zu wissen, was überhaupt. Manche behaupten, es sei die emotionale Intelligenz, andere sagen, es seien die »weichen Faktoren« oder die Teamfähigkeit, aber niemand könne uns sagen, was das eigentlich sei. »Und daher kommt auch diese Nervosität, dass Sie sich immer fragen: Was brauche ich eigentlich wofür?«

Und dann sagte Bude, dass er in seinem Alter wisse, dass er manche Bücher nicht lesen müsse, dass es ihm egal sei, was die Mode gerade diktiert oder wer der größte Popstar ist. »Bei Ihnen ist es anders, Sie haben ständig Angst, etwas zu verpassen, Sie übertreiben das aber ein bisschen. Irgendwann müssen Sie auch mal was verpassen.«

Müde, klein, langweilig, geschädigt, nervös. Sagt der Soziologe. Und tatsächlich warten viele in meinem Alter mit einem Job, mit einer Beziehung immer noch darauf, dass das Leben doch mal endlich losgeht. Bude nannte das damals die »ewige Postadoleszenz«. Er sagte, es gebe einen Punkt, an dem es aufhöre: »Wenn Sie Kinder haben. Aber selbst dann: Dann lässt man sich nach zwei Jahren wieder scheiden. Warum nicht mal durchhalten? Das liegt daran, dass Sie außengeleitete Charaktere sind; es kommt Ihnen immer auf die Erwartungen der anderen an. Dabei träumen Sie alle von einem innengeleiteten Leben, weil Sie das außengeleitete nicht lakonisch tragen können. Sie haben keine lakonische Kompetenz. Und Sie sind ja nicht mal in der Lage, sich Ihr eigenes Sicherheitsbedürfnis einzugestehen.«

Mal was verpassen. Der Traum von einem innengeleiteten Leben. Sich das eigene Sicherheitsbedürfnis eingestehen. Dinge brauchen einen Ort.

»Ich zahle«, sage ich zu Johannes, lege das Geld auf den Tisch und verlasse die Bar.

***

Meine Frau schläft schon, ich rüttele sie wach, die Erkenntnis kann nicht bis zum nächsten Morgen warten. Als sie die Augen öffnet und mich etwas entgeistert anschaut, sage ich: »Townhouse.« Meine Frau richtet sich etwas auf und versucht mit der Hand den Schlaf aus ihrem Gesicht zu vertreiben. »Was hast du gemacht? Hast du ein Townhouse gekauft, während ich geschlafen habe?«

»Nein. Noch nicht. Aber wir werden eins kaufen. Du und ich. Ein Townhouse ist die Antwort und die Lösung.«

»Für was?«

»Für alles.«

Tatsächlich scheint die Müdigkeit meine Frau langsam zu verlassen, sie greift zu der Flasche Wasser, die neben ihrem Bett steht, und nimmt einen Schluck. Sie ordnet ihre Haare, sie sitzt jetzt im Bett, ich hocke auf der Bettkante und halte ihre Hand, dass sie ihre Hand noch nicht weggezogen hat, interpretiere ich als gutes Zeichen, dann sagt sie: »Und du hast dir das gut überlegt?«

»Ja. Gut überlegt. Grad mit Johannes in der Bar.«

»Du hast dir mit Johannes in der Bar überlegt, ein Townhouse zu bauen? Willst du denn da auch mit Johannes einziehen?«

»Wenn es geht, würde ich lieber mit dir und dem Kind da einziehen.« Und dann sagt meine Frau: »Okay.«

Und ich glaube, dass ich sie nicht richtig verstanden habe, ich glaube, dass sie mich für dumm verkaufen will, deshalb frage ich noch einmal nach: »Du hast gerade ›Okay‹ gesagt. Bedeutet das ›Okay‹ im Sinne von: ›Wir machen das‹? Oder im Sinne von: ›Meinetwegen‹? Oder ist das eher so ein ›Okay‹, das in Wirklichkeit bedeutet: ›Jetzt sei ruhig, ich will schlafen‹?«

»Es bedeutet das alles. Es bedeutet, dass ich mich mit dir auf die Suche machen werde, und es bedeutet, dass, wenn wir ein Townhouse gefunden haben, ich niemals wieder mitten in der Nacht geweckt werden will. Es bedeutet, dass dann Ruhe herrscht. Für immer.«

»Für immer«, sage ich und drücke ihre Hand, die sie nicht weggezogen hat, so wie man Geschäftsabschlüsse mit einem Handschlag besiegelt.

Dann drückt jemand über uns die Klospülung.

∗∗∗

Der Mann schwitzt, obwohl es nicht heiß ist, er schwitzt, man sieht Schweißperlen auf seiner Stirn und er riecht ein wenig. Vielleicht ist das Angst, denke ich, Angst, weil das hier klappen muss, weil sie ihn sonst rausschmeißen, weil er unfähig ist, weil er seinen Job nicht kann, einen so einfachen Job: Er muss Leuten ein Townhouse verkaufen. Oder eine Wohnung. Mitten in Berlin. Die Leute wollen Stadthäuser und Wohnungen mitten in Berlin, es kann also nicht so schwer sein, aber er schwitzt, er ist nervös und er ist ein wenig zu bemüht.

Er bietet meiner Frau und mir sofort einen Kaffee an, wir hatten nicht mal einen Termin, wir sind einfach mal vorbeigegangen, um zu schauen, nur gucken, aber jetzt befinden wir uns plötzlich mitten in einem Verkaufsgespräch. Der Mann trägt ein Namensschild am Revers, Gerd Meier heißt er, er redet über die Vorzüge des Bauprojektes, in dem Millionen steckten, das betont er immer wieder, Millionen stecken da drin. Er sagt: »Was wir hier den Kunden bieten können, das findet man nicht noch mal in Berlin, so nicht, da stecken auch Millionen drin.« Meine Frau fragt Herrn Meier, was genau sie denn hier den Kunden bieten können, und Herr Meier sagt: »Dass sie so ein riesiges Areal mitten in Berlin, im Herzen der Stadt, bebauen können, das ist schon ein ganz großes Glück. Durch die Größe sind wir dazu in der Lage, für jeden Geschmack, für jeden Geldbeutel attraktiven Wohnraum anzubieten. Lofts, Wohnungen, Stadthäuser, Dachgeschosswohnungen. Vom Single bis zur Großfamilie. Einzigartig, sage ich Ihnen. Aber da stecken ja auch Millionen drin.«

Wir sitzen mit Herrn Meier in einer Wohnung gegenüber dem Bauprojekt. Es ist der sogenannte Showroom, hier stehen kleine Modelle des Areals, hier präsentiert Herr Meier den Kunden die Ausstattung, also das, was sie alles mit dem Kaufpreis dazubekommen: Böden, Armaturen, Türen, Steckdosen, Lichtschalter. Weil alles in dieser Wohnung verbaut wurde, um zu zeigen, wie es wirkt, wirkt die Wohnung, als ob sie ein Geisteskranker eingerichtet hätte: Nichts passt zusammen. »Schauen Sie zum Beispiel hier«, sagt Herr Meier und steht auf. Wir folgen ihm, und er zeigt auf den Boden. »Das ist unser Standardparkett. Ist im Kaufpreis mit drin. Beste Ware. Hochwertig.« Wir schauen nach unten und sehen etwas, das wie Buche aussieht, helles Holz, es erinnert ein bisschen an Laminat. Ich bücke mich, um fachmännisch draufzuklopfen. Poch, poch. Es klingt ein wenig metallisch, fast hohl. Ich streiche drüber. Kann sein, dass das mal Holz war, das muss aber lange her sein, denn es fühlt sich kalt und glatt an. Herr Meier sagt sofort, so als ob er wüsste, dass das

Parkett einfachsten Anforderungen nicht genügt: »Nach oben hin kennen wir keine Grenze – wir verbauen das, was Sie wollen. Den Mehrpreis müssten Sie dann natürlich bezahlen, aber die meisten wissen dieses hochwertige Parkett zu schätzen. Wir verbauen nur Qualität.« Ich schaue ihn von unten an und sage: »Stecken ja auch Millionen drin, oder?« Meier wischt sich mit einem Tuch die Schweißperlen von der Stirn.

Er zeigt uns noch die Armaturen, die von ausgesuchter Hässlichkeit sind, und sagt: »Wie Sie sehen, alles Designerstücke. Ebenso«, er macht einen Ausfallschritt nach links, »die Lichtschalterserie. Und hier«, er zeigt auf den Boden, und das erinnert an eine einstudierte Choreographie, »die passenden Steckdosen.« Meine Frau und ich schauen auf den Boden, dahin, wo Meiers Finger hinzeigt, und ich bin mir in diesem Moment sicher, dass Menschen in ihrer Wohnung auch schon deshalb verrückt geworden sind, weil sie Designersteckdosen hatten und dann Stecker reinstecken mussten, die nicht von einem Designer gemacht wurden. Und bevor ich sagen kann, dass ja schließlich Millionen in alldem stecken, sagt meine Frau, dass wir dann jetzt mal ganz gerne die Wohnungen sehen würden. Meier lächelt. Er hat die erste Etappe geschafft.

Wir überqueren die Straße und gehen durch ein gusseisernes Tor, vor dem ein Wachmann steht. Ich frage, so beiläufig wie möglich: »Sie brauchen Schutz?« Meier sagt: »Ach, Schutz nicht gerade. Aber wir hatten in der Vergangenheit ein wenig Ärger. Schmierereien. Kleinigkeiten. Nicht der Rede wert.«

Das gesamte Bauvorhaben war auf einem riesigen Areal zwischen Mitte und Prenzlauer Berg, »Filetstück« nennt man das in der Immobilienbranche. Wahrscheinlich, weil es vielen schmeckt, weil die Lage großartig ist, mitten in der Stadt. Aber es gibt halt auch welche, die darauf keinen Appetit haben, Vegetarier, Leute, die meinen, dass solche Bauvorhaben mehr zerstören als schaffen, Leute, die solchen Dingen dann den Namen »Gentrifizierung« geben. Die nichts so sehr hassen wie Bauprojekte in guten Lagen, ausgeführt von Investoren. Die Käufer sind in den Augen der Gegner einem Klischee entsprechend häufig »Schwaben«, aber das ist ein Kampfbegriff, darunter fallen in den Augen der Gegner reiche Menschen, keine Berliner, Menschen, die wie die Vandalen hier einfallen und das kaputtmachen, was die Gegner »Kiezkultur« oder so nennen. Die Gegner wehren sich mit Farbbeutelattacken auf die Bauprojekte. Sie organisieren Demos, auf denen dann Spruchbänder zu sehen sind wie »Yuppies raus« oder »Schwaben raus«, und mich erinnert das immer an Plakate, auf denen einmal stand: »Kauft nicht bei Juden«. Es ist ein reaktionärer, rassistischer Protest, geleitet von Altbaufaschisten, von der Anti-Sanierungs-Gestapo, tatsächlich von Wohlstandskindern aus Westdeutschland, die meinen, Berlin gehöre ihnen, weil sie zufällig zwei Jahre vorher hier ihr Soziologiestudium antraten. Aber wir sind nicht ihre Gegner, auch wenn ich es gerne wäre. Meine Frau wurde hier geboren, sie ist in diesem Kiez aufgewachsen, es ist ihre Heimat – vielleicht schaut sie sich deshalb das ganze Bauvorhaben auch etwas interessierter an als ich.

Herr Meier führt uns über den Innenhof, der fast fertig zu sein scheint, vor einem Gebäude bleibt er stehen und sagt: »Dieses Townhouse wäre zum Beispiel noch frei. Wenn Sie mir folgen wollen.« Wir betreten einen kleinen Flur, der mit dem Buchenparkett ausgelegt ist, danach stehen wir in einem großen Zimmer, das die gesamte Etage ausfüllt, mitten in diesem Zimmer befindet sich eine frei stehende Treppe, sie teilt das Zimmer in einen vorderen und einen hinteren Bereich. Ich frage Herrn Meier, ob er sicher sei, dass das hier ein Townhouse ist. »Nun ja, es ist kein klassisches Townhouse. Es ist die Interpretation unseres internationalen Architektenteams. Wenn Sie so wollen, ist es die Neuerfindung des Townhouses.«

In der Neuerfindung des Townhouses gehen wir die Treppe nach oben in den ersten Stock, auch hier ein einziges großes

Zimmer. »Sie können natürlich«, sagt Herr Meier, »Zwischenwände einbauen, man bekommt hier ohne weiteres vier Zimmer hin.« Ich frage ihn, über wie viel Quadratmeter Wohnfläche wir denn hier sprechen, und Meier sagt: »110 Quadratmeter.« Ich schaue etwas ungläubig, und Meier fügt schnell hinzu: »Pi mal Daumen.« Aber er merkt, dass das nichts für uns ist, wahrscheinlich merkt er auch langsam, dass das, worin wir grad stehen, gar kein Townhouse ist, sondern einfach nur zwei Wohnungen, die durch eine Treppe miteinander verbunden werden, aber der Begriff »Townhouse« ist mittlerweile zu einem Markennamen geworden, wenn irgendwo Townhouse dransteht, schauen sich die Leute das an, das finden sie interessant. Meier sagt: »Wir hätten auch noch eine Vierzimmerwohnung im Vorderhaus zum Verkauf. Wollen wir?« Meine Frau und ich nicken, meine Frau etwas heftiger als ich.

Über den Hof gelangen wir zurück zum Vorderhaus, das Treppenhaus ist gar nicht schlecht, hell, großzügig, die Wände bestehen aus verputztem Beton. Der Fahrstuhl ist geräumig, wir fahren mit ihm in den vierten Stock, meine Frau lächelt, ich ahne Böses. Tatsächlich ist die Wohnung gut geschnitten, beinahe optimal. Drei Zimmer gehen zum Innenhof raus, ebenso die Küche und das Bad, zur Straße hin liegt ein riesiger Raum mit einer Art Wintergarten. Die Türen des Wintergartens lassen sich so öffnen, dass daraus ein Balkon wird, obwohl es erst 10 Uhr am Morgen ist, dringt das Sonnenlicht in den Raum, er ist hell und freundlich. Wenn man aus dem Fenster schaut, sieht man gegenüber einen sanierten Altbau, links ist der nahe Supermarkt, zweihundert Meter weiter wohnen meine Schwiegereltern, zur Kita sind es mit dem Rad fünf Minuten, zu Fuß zehn. Es ist nicht schlecht, das nicht. Ich höre, dass sich meine Frau mit Herrn Meier unterhält, dann sagt meine Frau: »Angenommen, wir nehmen die Wohnung – wann könnten wir einziehen?«

»In drei Monaten. Spätestens.«

Ich drehe mich um und sage, vielleicht ein wenig zu panisch: »Wir müssen natürlich erst darüber nachdenken.«

»Aber denken Sie schnell, es gibt noch zwei andere Interessenten für die Wohnung. Sie ist eine unserer beliebtesten.« Und das ist natürlich eine Lüge, Meier weiß das, und er kann nicht so blöd sein zu glauben, dass wir das nicht wüssten. Es scheint eher ein Ritual zu sein, ein Klassiker-Satz, man wäre enttäuscht, wenn man ihn nicht hören würde, so wie einem die Schuhverkäufer bei jedem Modell versichern, dass das am besten gehe, dass man eh schon nachbestellen müsse, weil die Nachfrage so groß sei. Für mich ist das dann immer ein Grund, die Schuhe nicht zu kaufen.

Wir gehen mit Herrn Meier zurück in den Showroom, dort gibt er uns den Grundriss und Prospekte mit, dann legt er mir noch ein Formular auf den Tisch. »Das ist eine Interessenbekundung. Ich würde Sie bitten, hier zu unterschreiben. Dann können wir einen Termin zur Vertragsunterzeichnung machen. Wäre Ihnen der kommende Freitag recht?« Der Mann muss große Not leiden, wahrscheinlich wird er nur durch Provisionen bezahlt, er braucht Abschlüsse, sonst verdient er nichts, und er scheint schon ziemlich lange nichts mehr verdient zu haben, denn das geht jetzt schnell, ein bisschen zu schnell. Ich sage ihm, dass ich das natürlich jetzt nicht unterschreiben könne, denn ob wir Interesse haben oder nicht, das würden wir gerne in Ruhe besprechen, man kaufe schließlich keine Wohnung im Vorübergehen, das müsse ihm doch klar sein. Er nickt und sagt: »Selbstverständlich«, und in diesem Moment scheint er das Interesse an uns verloren zu haben. An der Tür klingelt es, ein sehr alter, dicker Mann und eine sehr junge Frau, die in manchen Kreisen wahrscheinlich als attraktiv gilt, treten ein. Herr Meier begrüßt die beiden mit Namen, er dient vor ihnen, es ist ein etwas entwürdigendes Schauspiel. Ich falte die Prospekte, den Grundriss und das Formular sorgfältig zusammen und stecke sie in meine Innentasche, meine Frau prüft noch einmal die Muster der Böden, der Armaturen und der Lichtschalter, ich gehe zu ihr und konzentriere mich auf das Gespräch, das gerade hinter uns stattfindet.

Meier: »Sooooo, wie geht es Ihnen beiden denn? Haben Sie sich entschieden?«

Dicker, alter Mann: »Tja, na ja … (Er neigt sich rüber zu der Frau.) Du würdest es schon gerne haben, nicht?«

Vermeintlich attraktive Frau zu dickem, altem Mann: »Ja, total. (Sie wendet sich an Meier.) Mir gefällt das alles sehr, sehr gut.«

Meier: »Ach, schön. Das ist schön. Sehr schön. Das freut mich.«

Dicker, alter Mann: »Na, dann komm, wir nehmen es.«

Meier: »Ich habe da schon mal was vorbereitet. Kaffee?«

Vermeintlich attraktive Frau: »Für mich nur schwarz, bitte.«

Ich ziehe meine Frau am Ärmel langsam raus. Wir verabschieden uns nicht.

***

»Die Wohnung ist super«, sagt meine Frau, als wir in einem Café sitzen.

»Sie ist nicht schlecht«, sage ich und rühre meinen Espresso um. »Aber die Nachbarn? Wir haben Nachbarn, die da Sexhöhlen haben. Die haben da gerade über eine Mätressenwohnung verhandelt.«

»Du spinnst. Vielleicht nehmen die ja auch eines der sogenannten Townhouses. Ich finde jedenfalls, dass der Schnitt der Wohnung ideal ist – und die Lage ist es auch. Kita, einkaufen, meine Eltern – alles um die Ecke. Ich kann mir kaum vorstellen, dass wir etwas Besseres finden.«

»Es ist das Erste, was wir uns überhaupt angeschaut haben. Außerdem wollten wir keine Wohnung, sondern ein Townhouse.«

»Die Wohnung ist super.«

»Die Wohnung ist zu teuer. Hast du dir den Kaufpreis angesehen? Zu hoch. Hast du gesehen, was die da für Quatsch verbauen wollen? Das steht in keinem Verhältnis.«

»Du musst immer nur das Negative sehen, oder?«

»Bitte? Ich? Immer das Negative?«

»Mir gefällt sie«, sagt meine Frau in diesem Ton, der eine Unterhaltung im Prinzip beendet, es ist ein letzter, endgültiger Satz. Sie greift über den Tisch nach dem Grundriss und schaut ihn sich genau an, mein Espresso ist inzwischen kalt geworden.

***

»Sie will jetzt, dass wir eine Wohnung kaufen«, sage ich zu Johannes und trinke einen Schluck Bier.

»Da hat dein Plan ja super funktioniert«, sagt er und lächelt, als ob er zufrieden ist mit dem Ergebnis, und für einen kurzen Moment denke ich, dass die beiden unter einer Decke stecken, dass sie sich gegen mich verschworen haben. Kommando Wohnungskauf.

»Ist die Wohnung denn wirklich so schlecht?«, fragt er, und ich sage: »Nein. Das ist es ja. Die ist ganz gut. Die Lage auch.«

»Was willst du dann mehr?«, fragt er und tut so, als ob damit alles klar wäre.

»Sie ist zu teuer. Zu teuer für das, was es ist. Außerdem ist die Lage zwar ideal, aber nicht das, was ich mir vorstelle.«

»Nicht weit genug draußen? Zu sehr in der Stadt? Zu wenig Probleme?«

»Ich glaube, ich möchte nicht bei ihr wohnen.«

»Bei wem?«

»Es ist ihre Gegend, sie ist dort aufgewachsen, es ist ihre Heimat, nicht meine. Ich dachte, dass wir uns gemeinsam eine neue Heimat suchen, etwas, wo wir beide fremd sind. Ja, vielleicht ist es das. Dass ich möchte, dass wir beide unter den gleichen Voraussetzungen starten, verstehst du? Ich suche Neuland für uns beide, unerforschtes Gebiet, niemand soll einen Standortvorteil haben, weil er es durch Herkunft schon kennt, weil es ihm zu vertraut ist. Ich glaube, dass der andere dann immer der Fremde bleiben wird. Der, der da eigentlich nicht hingehört. Der nur zu Besuch da ist.«

»Machst du es dadurch nicht unnötig kompliziert?«

»Ich habe nie behauptet, dass es leicht werden würde.«

»Das stimmt. Das hast du nicht. Wirklich nicht.«

***

Die nächsten Tage verbringe ich hauptsächlich damit, im Internet nach Bauprojekten in Berlin zu fahnden. Ich stelle fest, dass es eine unglaublich hohe Zahl an sogenannten Baugemeinschaften gibt, Interessengruppen, bei denen sich mehrere Käufer zusammenschließen, um ein Grundstück zu kaufen und einen Architekten mit der Bebauung zu beauftragen. Diese Art des Bauens soll zum einen sehr demokratisch sein, zum anderen viel günstiger, als wenn man sich einfach an einen Bauträger wendet. Außerdem finde ich eine Seite des Landes Berlins, die darüber Auskunft gibt, wo in der Stadt noch Bauflächen zu kaufen sind, oftmals sind das Lücken, die einem im Stadtbild gar nicht weiter auffallen, weil sie als Parkraum genutzt werden. Man könnte also vom Land der Berliner eine Baufläche kaufen, um sie dann gemeinsam mit einem Architekten zu bebauen, allerdings scheint mir das eine langwierige Angelegenheit zu sein, zumal bei manchen Flächen die Eigentümerfrage noch nicht geklärt zu sein schien. Offensichtlich ist es so, dass vor allem viele alte New

Yorker Damen über Grund und Boden in Berlin verfügen – das ist zwar ganz interessant, hilft mir aber nicht weiter, schließlich hat meine Frau ihren Eltern bereits von der Wohnung erzählt, und natürlich halten ihre Eltern den Kauf dieser Wohnung für eine fabelhafte Idee, aber sie müssten diese Wohnung ja auch nicht bezahlen. Aber die Zeit drängt, denn eines Abends finde ich Kopien des Wohnungsgrundrisses auf dem Küchentisch, meine Frau hat die einzelnen Räume auf dem Papier bereits vergeben, sie hat sogar schon Möbel eingezeichnet, zum Teil auch Möbel, die wir gar nicht besitzen. Die Grundrisse liegen extra so, dass ich sie sehen muss, die Botschaft dahinter kann nur lauten: Deine Zeit läuft ab – wenn du nicht bald etwas findest, nehmen wir die. Ich gerate langsam ein wenig in Panik. Immerhin hat meine Frau den Mietvertrag noch nicht gekündigt.

Allerdings verliere ich bei meinen Recherchen langsam die Lust. Das hat zum einen mit den furchtbaren Namen zu tun, mit denen Baugruppen und Bauträgerprojekte für sich werben: »Sonneneck«, »Fünf Höfe«, »Best Side Story«, »Mittegarten«; zum anderen sind auch die Werbezeilen alles andere als ermutigend: »Leben, wo andere Urlaub machen«, »Dem Himmel so nah«, »Grün, grün, grün sind alle unsere Häuser« … Es ist nicht so, dass es nichts geben würde – es ist nur so, dass das, was es gibt, sich an Menschen richtet, die offensichtlich den Verstand verloren haben. So weit bin ich aber noch nicht. Noch nicht.

Immer lustloser schaue ich mir die einzelnen Seiten an, ich kann Sätze und Begriffe wie »Gelegenheit«, »beste Lage« oder »Einzug noch in diesem Jahr« nur noch schwer ertragen, doch dann plötzlich erscheint eine Seite auf meinem Bildschirm, die anders ist. Sachlicher, nüchtern, mit Geschmack gestaltet. Ich schaue sie mir genauer an, es ist die Seite eines Bauträgers, der offensichtlich in Berlin schon einige Bauvorhaben mit Erfolg abgeschlossen hat. Einige kenne ich vom Vorbeifahren, es gibt sie also tatsächlich. Dieser Bauträger hat vor kurzem ein ehemaliges Industriegelände in einem Altbausanierungsgebiet in einem nordöstlichen Stadtteil gekauft. Auf diesem Gelände standen noch eine Werkshalle und eine Fabrikantenvilla, beide wurden denkmalgerecht wiederhergestellt, damit dort Wohnungen errichtet werden konnten. Die große freie Fläche dazwischen wurde mit Apartmenthäusern und Stadthäusern gefüllt, die mit den alten Gebäuden harmonieren. Das ganze Projekt ist in drei Bauabschnitte aufgeteilt worden, wobei ein Bauabschnitt bereits fertig ist. Im dritten Bauabschnitt stehen noch zwei Townhouses zum Verkauf. Von den fertigen Bauabschnitten gibt es Fotos – und tatsächlich: Die Klinkerbauweise der Apartmenthäuser und der Townhouses fügt sich in das Ensemble ein, der Bauträger hat sich für eine sehr schlichte, moderne Eleganz entschieden, ich kann keinen Schnickschnack entdecken. Hinter dem gesamten Gelände liegt ein alter Friedhof.

Ich schaue mir im Internet die Umgebungskarte der genannten Adresse an. Die Baustelle befindet sich in einem abgeschlossenen Kiez, der seit etwa drei Jahren zum Sanierungsprogramm gehört. Ich erkenne auf der Karte einen Supermarkt und verschiedene Schulen, auf der anderen Seite der Hauptstraße, die den Stadtteil teilt, liegt ein See. Ich erkenne eine Tramstation. Ich sehe viel Grün. Ich schätze die Entfernung zum Alexanderplatz auf fünf Minuten. Auf der Seite des Bauprojektes gibt es ein Kontaktformular, dort kann man sich kostenlos einen Prospekt bestellen und einen Besichtigungstermin vereinbaren. Ich bestelle einen Prospekt und vereinbare einen Besichtigungstermin für das kommende Wochenende. Ich bin auf eine glücklich machende Art nervös, so wie man mit fünfzehn vor seiner ersten Verabredung ein wenig aufgeregt vor dem Kino wartet. Ich beschließe, das alles vorerst für mich zu behalten. Meiner Frau sage ich nichts, noch nicht.

***

Bereits am nächsten Tag kommen die Prospekte und per Mail eine Bestätigung meines Terminwunsches. Ein gewisser Herr Läufer freue sich schon sehr, mich zu sehen. Ich blättere die Prospekte durch, die gut gemacht sind, das Papier ist teuer, der Druck gut, man versteht sofort, worum es geht. Für jede Wohnung und jedes Haus gibt es Grundrissvorschläge, und auf diesen Grundrissen erkenne ich, dass zu den Häusern eine Garage gehört, außerdem ein kleiner Vorgarten und ein etwas größerer Garten. Die Häuser haben eine Wohnfläche von 150 Quadratmetern, in der Beschreibung steht, dass sechs Zimmer durchaus möglich seien. Dem Prospekt liegt außerdem eine Umgebungskarte bei, auf der die Dinge des täglichen Bedarfs eingezeichnet sind: Kitas, Schulen, Bäcker, Restaurants. Alles passt. Auf eine fast unheimliche Art. Also suche ich nach einem Haken, nach dem Fehler, denn all das scheint mir fast zu perfekt zu sein. Ich muss etwas übersehen haben, vielleicht nur eine Kleinigkeit, aber selbst auf eine Kleinigkeit würde sich meine Frau draufschmeißen und sie mir um die Ohren hauen. Ich finde nichts. Ich blättere alles noch einmal durch, sogar die Quadratmeterpreise sind um ein Vielfaches günstiger als das, was Herr Meier für die Wohnung haben wollte. Ich zittere ein wenig, als ich die Prospekte in meine Tasche packe.

***

»Hier«, sage ich am Abend zu meiner Frau und reiche ihr die Prospekte, »das ist es.«

Sie setzt sich an den Küchentisch und beginnt zu blättern, und ich versuche, in ihrem Blick, in ihrer Mimik zu lesen, was sie denkt, ob es ihr gefällt oder nicht. Ich kann nichts erkennen, sie blättert weiter, schaut sich die Fotos an, die Grundrisse, sie legt den Kopf ein wenig zur Seite. Ich gieße mir ein Glas Wasser ein und bleibe vor ihr stehen, sie legt die Prospekte auf den Tisch und sieht mich an.

»Und? Was sagst du? Das ist es doch, oder?« Ich versuche in einem möglichst euphorischen Ton zu sprechen, sie soll hören, wie zufrieden ich bin mit dem, was ich für uns gefunden habe. Schließlich sagt sie: »Du weißt aber schon, wo das ist, oder?«

»Na ja, nicht genau, bisschen weiter nordöstlich halt. Aber es sind nur fünf Minuten zum Alexanderplatz. Hier«, ich nehme den Prospekt und schlage die Seite mit der Umgebungskarte auf, »guck!«

Sie schaut sich die Karte an, allerdings etwas zu kurz, dann sagt sie: »Also, ich weiß nicht. Ich finde die Wohnung irgendwie besser.« Ich muss mich jetzt zusammenreißen, ich darf nicht sauer werden, ich kann mich jetzt nicht benehmen wie einer, der jemandem ein Geschenk gibt und der dann zu hören bekommt: »Hübsch. Will ich aber nicht.« Vielleicht beginne ich deshalb mit meiner Frau zu sprechen wie mit meiner Tochter.

»Schau doch mal«, sage ich, setze mich neben sie und schlage den Prospekt da auf, wo es um die Townhouses geht. »So ein Haus könnten wir kaufen. Es gibt verschiedene Grundrissvarianten, aber die sind alle so flexibel, dass wir auch noch selber sagen können, wie wir das gerne hätten. Und da ist eine Garage. Ein Garten. Vom Platz her ist es größer als die Wohnung. Und es ist auch günstiger.«

»Ist ja auch viel weiter weg«, sagt meine Frau.

»Na, also viiiiieeeel weiter weg ist es jetzt nicht. Es ist nicht so ganz … sagen wir: zentral.«

»Mhm.«

Auch nach fünf Jahren weiß ich immer noch nicht, ob dieses »mhm« meiner Frau »ja« oder »nein« bedeutet, ich glaube, das ist abhängig von der Situation. Ich glaube, manchmal bedeutet es auch beides.

»Wir haben jedenfalls am Samstag da einen Termin«, sage ich und komme mir vor wie ein klassischer Patriarch, wie das Familienoberhaupt, es fehlt eigentlich nur noch, dass ich sage: »Ende der Diskussion. Es wird gemacht, was ich sage!«

»Wir können es uns ja mal anschauen«, sagt meine Frau ziemlich gelangweilt, so als ob sie etwas nur mir zuliebe tun würde, aber vielleicht geht es bei dem, was wir vorhaben, ja auch genau darum: es aus Liebe zu jemandem zu tun.

***

Wir sitzen im Auto und fahren, und irgendwann frage ich meine Frau: »Wo sind wir denn?«

»Nächste rechts«, sagt sie und wirkt nicht verärgert, sondern desinteressiert. So wie sie schaut, schauen Menschen, die in den Dingen um sie herum keinen Sinn erkennen. »Und jetzt links«, sagt sie, immerhin.

Wir parken in einer kleinen, schmalen Straße. Bäume stehen am Rand des Bürgersteiges, es gibt schöne sanierte Altbauten neben hässlichen grauen Häusern. Vögel zwitschern. Es ist Frühling, ein Samstagnachmittag. Wir stehen vor einem riesigen Grundstück, das zum Teil schon bebaut ist. Mehrere Townhouses können wir erkennen, dazu ein größeres Apartmenthaus, aber auch ein riesiges Gebäude, das an eine alte Werkshalle erinnert. Um das Gelände wurde ein leichter Metallzaun errichtet. Wir sind fünf Minuten zu früh, ich drehe mich um, schaue mir die Straße an. Kein Mensch ist zu sehen, außer dem Zwitschern der Vögel höre ich nichts, ein leichter Wind geht, nicht unangenehm. Ich gehe den Zaun entlang bis zur Baustelle. Im Internet stand, das ganze Gelände sei in drei Bauabschnitte unterteilt, der erste Abschnitt sei bereits fertig, die anderen beiden in einem Jahr. Spätestens. Ich sehe Kräne, Schaufellader, Bagger, Dixi-Klos, Mulden voller Schutt, viele Steine, Klinker. Eine Baustelle, auf der nicht gebaut wird, ist ein trostloser Anblick, ein Ort ohne Sinn, wie ein Fußballplatz, auf dem kein Fußball gespielt wird. Zu meiner Frau sage ich nicht: »Schön hier, oder?« Ich sage: »Schön hier.« Ich will es feststellen, ich will sie nicht fragen aus Angst vor der Antwort.

Ich drücke auf die Klingel mit dem Schild »Mustertownhouse«, der Summer ertönt, ich drücke die Metalltür auf. Am Ende des fertigen Bauabschnitts steht ein Mann in der Tür eines Townhouses und winkt, wir gehen über den gepflasterten Hof auf ihn zu, hier und da sind ein paar Bäume gepflanzt, es gibt einen kleinen Spielplatz, ich stelle fest, dass ich etwas schneller gehe als meine Frau.

»Hallooo!«, sagt der Mann, der uns mit der ausgestreckten rechten Hand entgegenkommt. »Läufer! Schön, dass Sie da sind, dann kommen Sie doch mal bitte rein.« Er führt uns in einen Raum, in dem ein Modell des gesamten Areals steht, an den Wänden hängen Bilder, die dem Besucher zeigen sollen, wie das alles aussehen wird, wenn es denn mal fertig ist. Herr Läufer erklärt uns anhand des Modells und der Bilder, wie das alles aussehen wird, wenn es denn mal fertig ist, im Internet und in den Prospekten hatte ich mir zuvor schon alles angeschaut, ich weiß im Prinzip, wie das alles aussehen wird, wenn es denn mal fertig ist.

Doch es geht hier nicht so sehr um mich, es geht um meine Frau, und nach der einleitenden Erläuterung von Herrn Läufer führt er uns durch das Mustertownhouse. Das macht er routiniert, schließlich ist es sein Job, und wir sind nicht die ersten Kunden, denen er etwas zeigt, was er verkaufen will. Er macht das aber auch souverän, er schüttelt keine auswendig gelernten Gags aus dem Ärmel, er ist aufmerksam und bestimmt, er glaubt an sein Produkt. Er zeigt uns das Erdgeschoss, das Platz hat für einen Flur, ein Zimmer, ein Gästebad. Das Erdgeschoss endet mit einer Schleuse, einem kleinen, fensterlosen Raum, durch den man gehen muss, wenn man zur Garage will. Die Garage schließt also direkt an das Haus an, sie ist Teil des Hauses, und sie ist groß genug für ein Auto, für Regale, für Fahrräder. In der Garage sagt Herr Läufer: »Das Tolle ist ja, dass wir jetzt unterm Garten stehen.« Unterm Garten? Wieso stehen wir unterm Garten? Wir stehen in einer Garage. Läufer lächelt, er kennt den Aha-Effekt, er konnte ihn bereits bei anderen Kunden beobachten, er weiß, dass das ein Hammer ist, eine Garage unter dem Garten. Er erklärt, was sich die Architekten dabei gedacht haben, offensichtlich eine ganze Menge, denn ich verstehe kein Wort, ich will jetzt diesen Garten sehen, der sich offensichtlich über der Garage befindet. Die Garage, das sei noch wichtig, sagt Läufer, sei Teil der großen Tiefgarage, und das Beste an dieser Tiefgarage sei eben, dass man direkt von der Straße reinfahren könne. Sie sei also nicht unterirdisch, man müsse keine engen Serpentinen nach unten fahren, man bleibe schön auf »Straßenniveau«. Ich sage: »So, so, Straßenniveau«, und komme mir etwas dämlich vor.

Über die schmale Treppe, die am rechten Rand des Erdgeschosses beginnt, erreichen wir das erste Obergeschoss, das zur Hofseite mit drei sogenannten französischen Fenstern abschließt und auf der anderen Seite eine Terrassentür hat, die sich über die gesamte Breite des Hauses erstreckt. »Wie breit ist das Haus?«, fragt meine Frau, und Läufer sagt: »Fünf Meter.« Wir nicken beide, meine Frau und ich, so als ob wir das genau so auch geschätzt hätten. Fünf Meter. Natürlich. Was denn sonst.

Hinter der Terrassentür liegt überraschenderweise die Terrasse und dahinter ein kleiner Garten von vielleicht vierzig, maximal fünfzig Quadratmeter Fläche. Links und rechts des Gartens sind niedrige Hecken, sie dienen als Begrenzung zu den Nachbargrundstücken. Am Ende des Gartens steht eine alte Mauer, sie ist ungefähr drei Meter hoch, dahinter erkennt man Bäume, offensichtlich ein Park.

»So«, sagt Läufer, »jetzt stehen wir also quasi auf der Tiefgarage. Irre, oder?«

Ich schaue meine Frau an, sie scheint interessiert, sie scheint sogar fasziniert, nicht so sehr davon, dass unter uns eine Tiefgarage ist, aber irgendetwas scheint ihr zu gefallen, es ist jedoch noch nicht der Zeitpunkt, sie zur Seite zu ziehen und nach ihren Gefühlen zu befragen. »Ja, irre«, antworte ich.

Wir gehen zurück in den großen Raum. In der Mitte wurde eine offene Küche eingebaut, zur Terrasse hin stehen zwei Sofas, sie sollen offensichtlich das Wohnzimmer symbolisieren – vor den französischen Fenstern steht ein großer Tisch, der Essraum. Läufer sagt: »Das ist ja hier, wie gesagt, das Mustertownhouse. Das ist eine Möglichkeit der Aufteilung, aber Ihren Wünschen sind da natürlich keine Grenzen gesetzt, abgesehen von den feststehenden Wänden des Hauses. Manche Käufer haben Küche und Esszimmer zum Beispiel im Erdgeschoss und hier«, er zeigt auf die Küche, »ein Gästebad einbauen lassen. Es kommt immer darauf an, wie Sie wohnen und leben möchten. Zwischenwände und all das sind natürlich immer drin. Vielleicht zeige ich Ihnen jetzt noch das zweite Obergeschoss?«

Wir folgen Läufer auf der Treppe, die nach oben führt und die sich ebenfalls an der rechten Wand befindet. Oben gibt es zwei Zimmer, ein größeres, das zum Garten liegt, und ein etwas kleineres zur Hofseite hin. In der Mitte ist ein Badezimmer, hell und großzügig, und es ist deshalb hell, weil es ein Oberlicht hat, das sich elektronisch öffnen lässt. In dem Bad befinden sich eine Wanne und ein Waschbecken und eine Toilette. »Sie sehen«, sagt Läufer, »hier eine kleine Auswahl von dem, was wir im Bad machen können. Sie können allerdings wählen nach Ihrem Geschmack: Fliesen, Wannen, Waschtische – wir versuchen, Ihre Wünsche zu erfüllen. Zunächst im Rahmen des Kaufpreises. Falls Sie allerdings gerne ein Bad komplett in Marmor haben wollen, besorgen wir Ihnen auch das. Den Mehrpreis zum Kaufpreis zahlen Sie dann selbst. Das Gleiche gilt für den Boden.« Wir gehen in eines der Zimmer, es ist mit einem schönen Parkett ausgelegt, als ich mich runterbeuge, um draufzuklopfen, sagt Läufer »Eiche« und erspart mir so die Peinlichkeit des Ratens. Es fühlt sich massiv an, fest, ordentlich. »Im ganzen Haus«, sagt Läufer, »wird übrigens Fußbodenheizung verlegt.« Er lächelt, er ist mit sich zufrieden, dann sagt er noch: »Ich lass Sie jetzt mal alleine. Wenn Sie noch Fragen haben sollten, finden Sie mich unten.«

Ich stehe mit meiner Frau in dem größeren der beiden Räume des zweiten Obergeschosses. Wir blicken hinunter auf den Garten, auf die Mauer, auf den Park dahinter. »Es ist perfekt.« Ich höre die Stimme meiner Frau, aber ich kann nicht glauben, was ich höre. Ich schau sie an, sie lächelt, ich sage: »Sag das noch mal.«

»Es ist perfekt. Wirklich.« Und in dem Moment möchte ich sie umarmen, küssen, noch mal heiraten, dann sagt sie: »Wenn es nicht hier stehen würde.« Dann dreht sie sich um und geht nach unten.

Ich bleibe allein in dem Zimmer zurück. Hier könnte das Bett stehen. Da der Schrank. Ins Bad passt eine Dusche, bodentief, vielleicht sogar noch ein Bidet. Das andere Zimmer für unsere Tochter, groß und schön und hell. Und unten müsste man mal schauen, wie man das macht, ein Arbeitszimmer wäre gut. Und dann müsste man irgendwie das Ganze noch hier wegkriegen und woanders hinstellen. Kopfschüttelnd folge ich meiner Frau nach unten.

Ich finde sie im Gespräch mit Läufer, er erklärt ihr gerade, dass hier, auf dem ersten Bauabschnitt, noch ein Townhouse frei sei. Das habe allerdings vier Stockwerke und befinde sich noch im Rohbau. Koste allerdings auch mehr. Ob sie das mal gerne sehen würde? Und meine Frau sagt, dass sie das tatsächlich gerne sehen würde.

Wir gehen über den Innenhof, Läufer erklärt noch mal das Konzept der Bauabschnitte, ein Townhouse wie das, in dem wir gerade waren, gebe es nur noch im dritten Bauabschnitt, mit dem bald begonnen werde, das wäre dann voraussichtlich in einem Jahr bezugsfertig, hätte dann allerdings auch einen Garten mit Südwest-Ausrichtung. »Das hier«, sagt Läufer, als wir vor dem viergeschossigen Townhouse stehen, »ist in zwei Monaten bezugsfertig.«

Es ist ein Rohbau, vom Prinzip her allerdings so wie das Mustertownhouse, eben nur mit einem Geschoss mehr. In diesem Fall ist das ein großer Raum, zum Garten hin ein Balkon, meine Frau flüstert mir zu, dass das ja dann das Schlafzimmer wäre oder das Musikzimmer, in der Mitte ein Flügel, aber wir haben gar keinen Flügel, aber daran erinnere ich sie nicht. Der Blick vom Balkon ist spektakulär, man schaut auf den riesigen Park, wenn man sich nach rechts dreht, sieht man den Fernsehturm und dahinter die Gebäude des Potsdamer Platzes. Hier, im Nordosten Berlins, hat man die Stadt vor sich. Und das ist leider das Problem.

Wir verabschieden uns von Herrn Läufer, ich sage ihm, dass ich mich in der kommenden Woche melden werde, dann gehen wir zurück zu unserem Auto. Ich versuche, das Gespräch ganz sachte anzufangen: »Und? Was meinst du?«

»Das ist wirklich wunderschön, aber es müsste halt in Mitte stehen oder in Prenzlauer Berg. Und nicht hier.«

»Dir ist aber schon klar, dass wir für diesen Preis etwas Vergleichbares in Mitte oder Prenzlauer Berg niemals bekommen werden, oder?«

»Das wissen wir doch gar nicht. Das ist das zweite Haus, das wir uns jetzt angeschaut haben.«

»Ja. Und wir finden es beide großartig.« Tatsächlich ist es so, dass meine Frau es noch ein bisschen großartiger findet als ich. Ich musste die ganze Zeit an Findus und Petterson denken, an die Uckermark, an Entenhausen … »Und ich finde«, sage ich weiter, »dass das ein Zeichen ist. Etwas, das wir beide toll finden.

Ich kann mich nicht daran erinnern, dass es so was schon mal gab.«

»Es steht falsch«, sagt meine Frau, und ich beschließe, dieses Gespräch fürs Erste zu beenden.

***

Es ist Abend, ich sitze in meinem kleinen Arbeitszimmer. Vor mir auf dem Tisch liegen die Prospekte von Herrn Läufer und ein Findus-und-Petterson-Buch. Abwechselnd wiege ich die Sachen in meiner Hand, so als wolle ich das Gewicht prüfen, so als ob das, was ich für zu leicht befinde, ausscheidet. Ich bin der Mann im Haus, denke ich, und als Mann im Haus muss man unpopuläre Entscheidungen treffen, vor allem dann, wenn der Mann weiß, dass es das Beste für die Familie ist. Der Mann im Haus kann nicht immer von allen geliebt werden, der Mann im Haus muss auch nicht immer von allen verstanden werden, am Ende ist der Mann im Haus, allerdings ohne Haus, immer alleine, er trägt die Last der Verantwortung, niemand kann ihm dabei helfen. Und so treffe ich an diesem Abend eine einsame Entscheidung: Ich werde ein Townhouse bauen.

WAS NICHT PASST,
WIRD PASSEND GEMACHT

»Du kannst kein Haus bauen«, sagt Johannes, als ich ihm sage, dass ich ein Haus baue. Ich habe ihn angerufen, ich habe ihm gesagt, dass ich ihm was Dringendes sagen müsse, nicht am Telefon, in der Bar, neun Uhr, wer zuerst da ist, bestellt zwei Bier.

»Natürlich kann ich ein Haus bauen. Idioten können ein Haus bauen. Das ist so wie mit dem Führerschein. Immer, wenn man dachte, man schafft diese Führerscheinprüfung nicht, weil man alles falsch ankreuzt oder vergisst, wie man rückwärts einparkt, hat man sich an die dümmsten Bauern aus der Großraumdisco erinnert, die ihre Pullis immer in die Hose gesteckt haben. Die fuhren Auto. Die hatten einen Führerschein. Die hatten die Führerscheinprüfung geschafft. Til Schweiger hat Abitur! Da werde ich ja wohl ein Haus bauen können.«

»Du hast doch keine Ahnung, wie das geht. Du ziehst aus Prinzip nur in sanierte Wohnungen. Ich habe dich einmal gebeten, mir in meiner Wohnung beim Streichen zu helfen. Einmal. Und nie wieder.«

»Ich baue das Haus doch nicht selber. Ich kaufe ein Haus, das dann andere bauen. Ich muss da gar nicht viel machen. Außer bezahlen. Paar Dinge aussuchen vielleicht noch. Mehr nicht.«

»Du kannst kein Haus bauen.«

»Also schön, warum also meinst du, dass ich das nicht könnte?«

»Du musst dich kümmern, du musst dir über Sachen klarwerden, dich informieren. Sonst wird das nichts, sonst wirst du über den Tisch gezogen. Du brauchst Experten, Leute, die dir bei alldem helfen. Ein Haus ist doch was anderes als ein Auto. Und selbst als du dein Auto gekauft hast, hast du dich vorher sechsmal mit deinem Vater getroffen. Eigentlich hat dein Vater das Auto ausgesucht. Wer hat denn jetzt das Haus ausgesucht?«

»Ich habe das ausgesucht, ich ganz alleine. Zusammen mit meiner Frau.«

»Alleine mit deiner Frau?«

»Es war kompliziert.«

»Das Aussuchen?«

»Das Einigen.«

»Und jetzt?«

…

»Und jetzt?«

»Und sag mal, du willst also jetzt für immer in dieser kleinen Wohnung bleiben mit den ganzen Kindern und jedes Jahr ein bisschen mehr Miete zahlen und dich darüber aufregen, dass nur noch Arschlöcher in die Gegend ziehen, ja?«

»Weiß deine Frau, dass du ein Haus baust?«

»Sie vermutet es.«

»Ihr habt darüber nicht geredet? Wie stellst du dir das vor? Du baust das Haus heimlich, und irgendwann sagst du zu ihr: Komm mal mit, ich habe eine Überraschung? Ich sage dir jetzt mal etwas, weil ich dein Freund bin: So funktioniert das nicht.«

»Sie ist nicht überzeugt.«

»Dann vergiss es.«

»Ich glaube, ich kann sie überzeugen.«

»Vergiss es.«

»Manchmal muss man Tatsachen schaffen.«

»Lass uns noch ein Bier trinken.«

Und dann trinken wir noch ein Bier, aber wir reden nicht mehr viel. Ich habe das Gefühl, Johannes will nichts mehr hören von dem Haus und meinem Traum und der schlichten Schönheit dieser Idee. Ich habe das Gefühl, dass er recht hat mit seiner Skepsis. Dass ich das vielleicht wirklich nicht kann: ein Haus bauen.

***

Am nächsten Tag schreibe ich eine Mail an Herrn Läufer, ich teile ihm mit, dass meine Frau und ich Interesse an einem Townhouse hätten und dass er uns bitte offiziell als Interessenten führen solle. Nach wenigen Minuten bekomme ich eine Mail zurück, in der sich Läufer für mein weiteres Interesse bedankt. Er schreibt, dass er sich wirklich freuen würde, mich mit meiner Familie in der Eigentümergemeinschaft begrüßen zu können, da wir hervorragend in die vorhandene nette Eigentümerstruktur passen würden. Er schreibt, dass wir am Wochenende sicher weiterdiskutieren würden, und um mir die Lage noch weiter nahezubringen, anbei weitere Informationen: Allgemein seien zurzeit im Viertel etwa 60–70% der Altbausubstanz saniert. Diverse Baulücken würden bereits durch Neubauprojekte geschlossen. Die Vorteile für Investoren im Sanierungsgebiet seien folgende: Die Sanierung von Altbauten werde steuerlich gefördert. Dadurch werde wesentlich schneller als an anderen Standorten die gesamte Altbaustruktur saniert. Gute Beispiele dafür seien in Berlin-Mitte das Scheunenviertel und im Prenzlauer Berg der Kollwitzplatz. Weiterhin investiere aber auch die Stadt in dieses Gebiet. Straßen, öffentliche Plätze, Kitas, Schulen würden instand gesetzt und saniert werden. Somit entwickele sich das gesamte Gebiet überproportional schnell. Das Bauvorhaben spiele dabei eine Vorreiterrolle. Sie seien die Ersten, die sich an ein Projekt im gehobenen Segment gewagt hätten und es auch erfolgreich umsetzen würden. Wie die verschiedensten Ämter bestätigt hätten, säßen viele andere Bauträger in Warteposition und hätten nun, nachdem ersichtlich sei, dass das Konzept aufginge, Grundstücke im Viertel angekauft. Somit würde sich in den nächsten Jahren einiges tun – auch was gute Gastronomie und Läden anginge. Dass viele Erwerber Vertrauen in diese Lage hätten, sähe man an den Verkäufen. Bereits 71 Wohnungen/ Häuser hätten verkauft werden können, davon 55 an Eigennutzer – ein Großteil davon Familien mit Kindern. Auch er selbst werde mit seiner Familie dort einziehen. Für ihn stehe fest: Viel besser könne man in einer Großstadt mit seiner Familie nicht wohnen. Ruhig, grün und dennoch zentral. Gerade für Familien seien die Lage und die Umgebung optimal.

Und dann, als ob das nicht reichen würde, als ob er mich nicht eh schon mit jedem Satz überzeugt hätte, zählt er noch mehr Vorteile auf, noch mehr Argumente, so gebe es zum Beispiel kurze Wege zu Ärzten, zu Kitas, zu all dem, was man täglich benötigen würde, außerdem kurze Wege zu guten Grundschulen, zu guten Gymnasien, und wenn man abends mal in die Oper, ins Theater, ins Kino möchte – in 10–15 Minuten sei man in Berlin-Mitte, in 5 Minuten im Prenzlauer Berg. Und dann die Grünanlagen! Der See! Mit Badestelle, Bootsausleihe, Tiergehege! Nur 700 Meter entfernt! Nicht zu vergessen natürlich das Sicherheitskonzept! Die Wohnanlage würde von einem Zaun umschlossen werden, zusätzlich werde es Kleinkindsicherungen an den Ausgängen geben, damit Kinder ohne Gefahr auf dem Hof spielen könnten. Auch sei ein unbefugtes Betreten der Anlage nicht möglich.

Ich leite die Mail sofort an meine Frau weiter, sie muss das lesen, sie muss das verstehen, sie muss das begreifen und gut finden, und sie muss sofort sagen, dass wir das jetzt machen. Das Kaufen und Bauen.

Nach einer Viertelstunde kommt sie in mein Arbeitszimmer, sie schaut mich an und sagt: »Du willst das wirklich, oder?« Ich nicke. »Und du hast dir das gut überlegt?« Ich nicke. »Und du willst auch, dass wir mitkommen?« Ich schüttle den Kopf, sie lacht, dann sagt sie: »Also schön. Aber wir nehmen dann das viergeschossige Haus.« Dann schließt sie die Tür. Ich springe auf, renne hinter ihr her, sage: »Das viergeschossige? Ist das dein Preis? Ist das der Deal? Der finanzielle Ruin als Preis für ein Leben im Schönen? Ist es das, was ich zu zahlen habe? Ist das meine Strafe? Mein Fluch? Ist das die Prüfung, die du mir auferlegst wegen all der Qualen und Schmerzen, die ich dir antue, obwohl ich dich doch nur beschützen will, dich und das Kind, unser Kind?«

»Nimm das andere. Wegen der Sonne. Dann haben wir auch noch mehr Zeit. Aber beeil dich, bevor ich es mir anders überlege.«

***

Zwei Tage später sitze ich im Zug, um in meine Heimatstadt zu fahren. Meine Familie sollte ich informieren, außerdem will ich die Finanzierung über die Bank der Familie abschließen, ich habe einen Termin, ich habe an alles gedacht. Nur an eines nicht: Meine Familie hasst neue Häuser, ich kann mich nicht daran erinnern, dass ich jemals mit ihnen an einem Neubau vorbeigekommen wäre und einer gesagt hätte: »Schau mal, wie schön.« Jedes neue Haus stieß auf Unverständnis, es war entweder zu modern oder zu hässlich, meistens beides. Außerdem hatten die meisten neuen Häuser keinen Keller, und ein Haus ohne Keller ist in den Augen meiner Familie kein Haus. Ein Haus, so die Logik meiner Familie, hat man – oder man hat es nicht, und wenn man es nicht hat, baut man sich auch keines. Ein Haus ist etwas, das vererbt wird. Man kann zwar, wenn einem dann ein Haus gehört, so viel dran rumwerkeln, wie man will – aber ein neues bauen? Nein, wozu? Ich selbst habe erlebt, wie in unserer unmittelbaren Nachbarschaft ein Haus gebaut wurde. Es wurde und wurde nicht fertig, und als mein Großvater einmal von der Straße aus die Bauarbeiten beobachtete, schaute er sich das

Ganze fünf Minuten an, dann drehte er sich um, machte mit der rechten Hand eine abfällige Bewegung und sagte: »Komm, Junge, geh weg.« Das war zeitlebens sein Kommentar zum Bau eines Hauses.

Außerdem bezahlte mein Großvater immer und alles bar, egal was. Sein erstes Auto kaufte er sich erst, als er so viel Geld hatte, dass er das dem Verkäufer auf den Tisch legen konnte, musste für die Firma irgendwas angeschafft werden, konnte das erst geschehen, wenn das Kapital dafür vorhanden war. Dinge auf Kredit kaufen, sie finanzieren oder sogar leasen kam nicht in Frage. Das machten nur die anderen. Die, die sich auch neue Häuser bauten.

***

»Wir bauen ein Haus«, sage ich meiner Familie beim Mittagessen. »Ich muss gleich zur Bank, ich habe einen Termin, wegen der Finanzierung.« Stille am Tisch. Meine Mutter, meine Großmutter hören auf zu essen, sie schauen zu meinem Großvater. Der kaut. Er kaut immer sehr lange. Als er zu Ende gekaut hat, sagt er: »Gut.« Dann isst er weiter.

Nach dem Essen zeige ich meiner Familie die Prospekte, ich versuche ihnen die Lage zu erklären, die Grundrissmöglichkeiten. Irgendwann fragt mein Großvater: »Hat das Haus keinen Keller?« Ich sage, es hätte keinen Keller, die Garage sei aber ziemlich groß. Mein Großvater nickt, dann sagt er: »Ihr habt ja auch nix, was ihr in den Keller tun könnt, oder?«

»Nein, eigentlich wüsste ich nicht, was wir in einen Keller tun könnten.«

»Dann macht das ja nichts.« Er blättert die Prospekte durch, er schaut zufrieden, ich muss los.

***

Ich bin nicht aufgeregt, nicht ein bisschen – ist das ein gutes oder ein schlechtes Zeichen? Ich parke das Auto auf dem Parkplatz der Bank. Weil ich zehn Minuten vor dem verabredeten Termin da bin, bleibe ich noch kurz sitzen, im Radio läuft »Burning Down The House« von den Talking Heads. Ich stelle das Radio aus. Was mache ich hier noch mal ganz genau?

Ich habe mich entschieden, die Hausfinanzierung bei der Bank abzuschließen, bei der meine Familie bereits seit über fünfzig Jahren Kunde ist. Ich allerdings nicht, ich habe mit neunzehn mein Jeans-Sparbuch leer geräumt und bin zu einer anderen Bank gewechselt, weil ich dachte, dass zu einem Leben in der Großstadt keine Bank aus meiner Stadt passen würde. Jetzt aber bin ich zurückgekehrt, denn aus einem Gefühl heraus, das ich nicht begründen kann, denke ich, dass die mich hier nicht über den Tisch ziehen können, nicht hier, wo die doch meine Familie kennen. Aber vielleicht sind die auch noch sauer, dass ich vor fünfzehn Jahren einfach abgehauen bin mit all dem Geld, das die jahrelang für mich verwaltet hatten, mit den ganzen 200 Mark.

Ich habe mich auf diesen Termin so gut vorbereitet, wie es mir möglich war, ich habe alle Zahlen im Kopf, eigentlich habe ich nur eine Zahl im Kopf, und zwar die Miete, die ich gerade für diese Schwachsinnswohnung in der Kastanienallee bezahle, Monat für Monat an einen Münchner Vermieter, der sich wahrscheinlich jeden Abend seine Kontoauszüge anschaut und sich kaputtlacht über all die Idioten, die ihm für diesen sechsgeschossigen Mist auch noch Geld überweisen. Jedenfalls habe ich diese Zahl parat, die kenne ich bis aufs Komma, mit der Zahl werden wir hier heute arbeiten müssen, denn die Zahl entspricht exakt der Summe, die ich bereit bin, im Monat für das Haus zu bezahlen – so lange, bis es mir gehört, irgendwann, aber ich denke, den Zeitpunkt werden die mir nennen.

Irres Glück hätte ich ja, hat Johannes noch vor ein paar Tagen gesagt, als ich ihm von dem Termin erzählte. Irres Glück, denn schließlich seien die Zinsen ja gerade super. Ja eben, habe ich da gesagt und sofort nachgeschaut, wie er das jetzt wieder gemeint hat. Ich fand heraus: Stimmt sogar, die Finanzkrise des Jahres 2008 hat dazu geführt, dass die Zinsen für Immobilien in Deutschland tatsächlich niedrig sind, so niedrig wie seit Jahren nicht, da habe ich mich dann doch ein bisschen drüber gefreut, aber die schreckliche Wahrheit ist: Eigentlich ist es mir völlig egal, wie hoch die Zinsen sind. Ich will dieses Haus, die Bank soll das bezahlen, dafür kriegen die im Monat exakt das, was ich gerade an Miete zahle, und zwar so lange, bis die Bank kein Geld mehr will. Wenn das Haus zu bauen so einfach ist, wie das Haus zu kaufen, müssten wir in drei, vier Monaten einziehen können. Und so, mit dem Gefühl, an alles gedacht zu haben und vollkommen im Recht zu sein, betrete ich die Bank.

***

Ich verstehe kein Wort, dabei geben sie sich alle Mühe. Herr Kowalski von der Bank und Frau Birke von der Bausparkasse haben sich mein Anliegen bereits angehört, sie haben sich Notizen gemacht, Zahlen in den Computer getippt. Sie haben sich die Unterlagen, die ich mitbringen sollte (Kontoauszüge, Arbeitsverträge, Schufa-Auskunft, Prospekte und Formulare des Bauträgers), genau angeschaut. Sie haben mir erklärt, dass sie das Bauvorhaben »prüfen« müssten, denn schließlich sei ja, bis ich alles abbezahlt habe, die Bank mehr oder weniger Eigentümer der Immobilie, und die Bank wolle ganz gerne genau wissen, was sie da kaufe. Das alles habe ich so weit verstanden, aber jetzt erklärt mir Frau Birke, wie die Baufinanzierung im Einzelnen abläuft. Auf welchen »Säulen« wir aufbauen müssen. Woher welcher Kredit kommt – und wie hoch der ist. Was ich denn monatlich aufbringen könne. Mein Stichwort, jetzt kann ich brillieren. Ich sage, dass ich so viel im Monat bezahlen werde, wie ich im Moment an Miete zahle. Da ich meinen aktuellen Mietvertrag natürlich mitgebracht habe, können Frau Birke und Herr Kowalski eins und eins zusammenzählen. Sie schauen sich die Summe an, tippen erneut Zahlen in den Computer, sie blicken beide auf den Bildschirm, dann sagt Frau Birke: »Ja. Das geht.«

»Wunderbar. Wo soll ich unterschreiben?«

»Oh, kleinen Moment, so schnell geht das auch wieder nicht. Wir müssen das alles, wie gesagt, intern noch prüfen. Ich wüsste zwar nicht, was dagegen spricht, dass wir Ihnen Ihr Haus finanzieren, aber das ist nun einmal der Vorgang.«

Der Vorgang. Sie prüfen. Aber eigentlich spricht nichts dagegen. Werde ich jetzt ein Haus bauen oder baue ich jetzt kein Haus? Wir verabschieden uns, und mir wird das Versprechen gegeben, dass man sich bei mir meldet. Bald. Sehr schnell. Auf dem Weg nach draußen fällt mir ein, dass ich gar nichts von dem Filterkaffee getrunken habe, der vor mir auf dem Tisch stand.

***

Zurück in Berlin, dauert es drei Tage, dann bekomme ich eine Mail von Frau Birke, die Betreffzeile lautet: »Freibleibendes Angebot«. Freibleibend. Was genau bedeutet das jetzt? Ich lese die Mail: »Als Anlage erhalten Sie Ihr unverbindliches Angebot für Ihre ›eigenen 4 Wände‹.« Ein PDF-Dokument ist drangehängt, ich öffne es, schaue es mir an. Viele Zahlen, hohe Zahlen, Tabellen, ich suche nach der Spalte der monatlichen Belastungen, da steht die Summe aus meinem Mietvertrag. Ich wähle die Nummer von Frau Birke und sage: »Schicken Sie mir alles zu, ich unterschreibe.« Sie beglückwünscht mich.

In dieser Nacht liege ich wach, ich kann nicht einschlafen, obwohl Dieüberuns keine Gäste haben und Dieunteruns sich entweder getrennt haben oder nicht da sind. Warum noch mal gleich ein Haus? Weil die Mieten in Berlin für den angebotenen

Quatsch eine Frechheit sind. Weil man nicht mehr das kostspielige Leben seines Vermieters mitfinanzieren will. Weil man ein Kind hat, das einen Garten braucht. Weil man vorsorgen will. Weil man das eben auch mal irgendwann machen muss. Alles gute Gründe, die auch teilweise stimmen, aber die eigentlichen, die einzigen Gründe, ein Haus zu kaufen, denke ich, schlaflos in meinem Bett liegend, sind natürlich Unzufriedenheit, Wut und Hass.

Ich will ein Haus kaufen, weil ich mit der Gesamtsituation nicht einverstanden bin, weil ich das Leben, das ich führe, nicht mehr führen will, weil es seinen Sinn und seinen Glanz verloren hat. Weil es niemals Sinn und Glanz hatte. Dieses Leben in Wohnungen, das immer nur Kompromiss war, niemals wirkliche Wahl, denn die gibt es doch nicht: die Wohnung, die zu einem passt. Meistens hat jemand, den man nicht kennt, nie kennenlernen wird, für einen eine Auswahl getroffen: Er hat einen Boden ausgewählt und die Fliesen im Badezimmer und in der Küche, und meistens tat er dies nicht aus optischen Erwägungen, sondern aus finanziellen. Wenn man Glück hatte, hat er einem auch eine Küche in die Wohnung gestellt, eine Küche, die funktionieren mochte – mehr aber auch nicht. Sie passte halt, sie passte vom Platz und von den finanziellen Möglichkeiten, aber die ästhetischen Möglichkeiten wurden nicht ausgeschöpft, nicht ein bisschen. In solchen Wohnungen lebte man dann, früher nannte man so etwas Mietskasernen, und es gibt eigentlich keinen Grund, warum dieser Begriff heute nicht mehr passen sollte, vielleicht passt er heute sogar besser als damals, denn wenn man diese Mietskasernen verlassen hatte, um zum Beispiel einzukaufen, dann sah man auf der Straße die anderen Uniformierten, die sich in Treu und Glauben dem Corpsgeist unterwarfen. Alles war uniformiert, die Kleidung ebenso wie die Gedanken und die Meinungen und die Haltungen. Die Uniform der Mietskaserneninsassen bestand, sofern es sich um männliche Insassen handelte, aus zu engen Jeanshosen, aus Turnschuhen, die man Sneakers nannte, aus T-Shirts, deren V-Ausschnitte sich beachtlich dem Schritt näherten. Als Jacken dienten entweder sogenannte College-Jacken, schlechtsitzende Sakkos oder Parkas, die ironischerweise die Uniformiertheit der männlichen Mietskaserneninsassen unterstrichen. Auf einen Friseur im herkömmlichen Sinne wurde verzichtet, wer konnte, ließ sich einen Bart stehen, obligatorisch war eine Brille mit dickem schwarzen Rahmen, und zwar auch für die, die keine Sehschwäche hatten. Abgerundet wurde das Ganze schließlich durch einen Jutebeutel, auf dem bestenfalls irgendwas Versautes stand. In diesem Jutebeutel beförderten die männlichen Mietskaserneninsassen dann gerne irgendwelche Deppenmagazine, die es in Läden mit Namen wie »Do you read me« zu kaufen gab. Die Deppenmagazine zeichneten sich dadurch aus, dass die Macher das Kunststück fertigbrachten, nicht einen einzigen lesenswerten Text innerhalb der 300 Seiten zu platzieren, dafür aber Kunst- und Modestrecken, mit belangloser Kunst und belangloser Mode, die so oder so ähnlich Mitte der 90er Jahre schon einmal zu sehen waren, als für einen kurzen dummen Moment der Geschichte englische Lifestylemagazine Avantgarde waren. Außerdem befand sich in dem Jutebeutel noch ein Laptop der Marke Apple und eine Zigarettenschachtel der Marke Gauloises.

Die weiblichen Mietskaserneninsassen waren in ihrer Heruntergekommenheit nicht gar so schäbig – furchtbar waren sie aber allemal. Von ihrer jugendlichen Bulimie war nur noch eine mittelmäßige Essstörung geblieben, die reichte aber, um im Sommer mit sogenannten Hot Pants durch die Gegend zu laufen, wobei das »Hot« bei den meisten dieser Frauen fragwürdig war. Ansonsten schafften sie es, Jeans zu kaufen, die noch enger waren als die der Männer, lieber aber trugen sie Röcke, eng und kurz, denn Sexyness war in ihrer Definition ein emanzipatorischer Wert an sich. Die Haare trugen sie meist lang und offen, eine Sonnenbrille sollte ihnen jenes Geheimnisvolle geben, was sie nie hatten. Die Schuhe waren entweder sehr, sehr hoch oder sehr, sehr flach, die Oberteile meistens eng. Die Tatsache, dass die meisten der weiblichen Mietskaserneninsassen aus westdeutschen Dörfern mit wenigen Straßen kamen und sie sich deshalb in einer Großstadt nicht wirklich zurechtfanden, überspielten sie mit einer Mischung aus Naivität und Kampfeslust. Auch nach drei oder vier Jahren in Berlin staunten sie immer noch darüber, dass auf Straßen Autos fuhren und dass man sich nicht mitten auf eine Straße stellen konnte, um mal ein bisschen zu plaudern. Zu Hause, vor dem Hof der Eltern, war das doch möglich.

Das Interesse der weiblichen und männlichen Mietskaserneninsassen schwankte vor allem zwischen Kunst und Mode, obwohl sie von beidem keine Ahnung hatten. Politik war eher ein diffuses Gefühl, Gudrun Ensslin war immerhin eine Stilikone, Andreas Baader ein lässiger Hund, doch das reichte nicht zum Linkswerden. Medien, Design, Werbung – das alles versprach, kreativ zu sein und erst um 9 Uhr aufstehen zu müssen, was zur Folge hatte, dass die weiblichen und die männlichen Mietskaserneninsassen bis in die Nacht die Straßen bevölkerten, in denen ich wohnen musste.

Ich erkannte bereits früh den Feind in ihnen, denn tatsächlich waren diese Menschen, die in Berlin Mitte und Prenzlauer Berg und Friedrichshain und Kreuzberg und Teile von Neukölln bevölkerten, vor allem das: die Loser der Oberstufe – und ihre Eroberung dieser Stadtteile war ihre späte Rache für die Demütigungen und Niederlagen der Schulzeit. Für all das, was ich ihnen damals angetan hatte. Nach einer durch nichts zu haltenden Theorie, wahrscheinlich aufgestellt von den weiblichen und männlichen Mietskaserneninsassen, sollen ja angeblich die, die in der Oberstufe die Coolen, die Lässigen, die Beliebten, die Erfolgreichen waren, jetzt genau diejenigen sein, die es in ihrer Heimatstadt gerade mal so zum stellvertretenden Filialleiter der

Stadtsparkasse gebracht haben. Sie sind mit den Jahren alt und fett und hässlich geworden, sie wohnen im Neubaugebiet am Rande der Stadt, weil sie aus Versehen in einer Großraumdisco eine Bedienung geschwängert haben. Und diese Jungs sitzen jetzt in ihren durchgefliesten Neubauten und erinnern sich in der Nacht an die süßen Siege der 12. Klasse. Und die Mädchen, mit denen sie damals ihre Siege teilten, haben sich irgendwann ergeben in ihr Leben als Hausfrau und Mutter, ihre Schönheit reichte drei Jahre, dann verblasste sie, und damit war dann ihr Leben, ähnlich wie das der Jungs, praktisch zu Ende.

Das ist die Welt, das ist das Leben, wie es sich die männlichen und weiblichen Mietskaserneninsassen vorstellen. Es ist gerecht, denn es hat ihnen am Ende das gegeben, was sie verdienen, nämlich den Sprung an die Spitze des Hipstertums. Wenn die Menschen in New York, in Paris, in Zürich von Berlin schwärmen, von der Kraft der Stadt, dann schwärmen sie auch von ihnen. Und sie glauben deshalb, es sei ihre Stadt, ihr Werk.

Aber ich bin ihr Feind, ich war es schon damals, in der Oberstufe, und seitdem hat sich nichts geändert, einmal ein Loser, immer ein Loser, links cool, rechts schwul, die unerbittlichen Gesetze des Schulhofes, sie gelten noch, sie gelten lebenslang, und deshalb hat auch das Urteil von damals Gültigkeit. Und sie sollen nicht glauben, ich hätte sie nicht wiedererkannt in ihrer ganzen Armseligkeit, und natürlich werden sie denken, dass es ein Sieg ist, wenn ich mich jetzt aus dem Staub mache, wenn ich ihnen das Feld überlasse, wenn ich offensichtlich in Zukunft das Leben führen werde, das sie verachten, draußen, in einem Haus, mit einer Familie, aber sie wussten ja auch damals nicht, wo vorne und hinten ist.

Mit dem wohligen Gefühl des Hasses, das nur ein Sieger kennen kann, schlief ich in dieser Nacht ein.

***

Sommer 2009. Das Haus ist bezahlt, jedenfalls nach meiner Rechnung. Ich war bei der Bank, ich habe Dutzende von Formularen unterschrieben, ebenso meine Frau. Wir haben jetzt beide wieder einen Bausparvertrag und eine Lebensversicherung, weil Frau Birke meinte, dass das sinnvoll sei für den Kredit. Ich zahle bereits einen kleinen Teil an die Bank, mehr allerdings noch nicht, denn schließlich zahle ich noch die Miete für die Wohnung, und eine Doppelbelastung würden meine finanziellen Möglichkeiten nicht mitmachen. Frau Birke sagte mir trotzdem, dass jetzt alles seinen geregelten Lauf nehmen würde.

Das Problem ist nur: Mein Haus wird nicht gebaut, obwohl ich dem Bauträger bereits nicht nur die Reservierungskosten überwiesen habe (die natürlich vom eigentlichen Kaufpreis wieder abgezogen werden), sondern weil auch die Bausparkasse eine erste Ratenzahlung vorgenommen hat. Ich habe also bereits Geld für etwas ausgegeben, was es noch nicht gibt, so etwas finde ich ein bisschen ungewöhnlich.

Jeden Samstag fahre ich auf die Baustelle, wobei es sich streng genommen eigentlich nicht um eine Baustelle handelt. Der dritte Bauabschnitt, dort, wo eigentlich in einem Jahr unser Haus stehen müsste, ist eine Brachfläche, vollgestellt mit allerlei Gerümpel, mit Baumaschinen und Steinen, aber gebaut wird dort nicht, sondern auf dem angrenzenden zweiten Bauabschnitt, der allerdings in meinen Augen längst fertig ist. Trotzdem sehe ich dort jeden Samstag Handwerker von links nach rechts laufen, manchmal tragen sie auch etwas von links nach rechts, allerdings laufen sie nie von rechts nach links, geschweige denn, dass sie etwas von rechts nach links tragen würden – alles, was sie tragen, tragen sie vom zweiten Bauabschnitt zum dritten Bauabschnitt. Ich bin kein Mann, der leicht nervös wird.

Ich habe mir angewöhnt, bei meinen samstäglichen Besuchen auf der Baustelle auch immer im Mustertownhouse vorbeizuschauen. Wenn man mir Böses unterstellen möchte, könnte man auch sagen: Ich lungere rum. Jedes Mal begrüßt mich Herr Läufer mit der Frage: »Müssen wir denn gerade noch was besprechen?« Das entscheidende Wort in diesem Satz ist »gerade«, in der Welt von Herrn Läufer gibt es »gerade« nichts zu besprechen, weil »gerade« nichts passiert, was mit mir oder meinem Haus zu tun hat. »Gerade« zeigt Herr Läufer anderen Interessenten das Mustertownhouse, »gerade« stehen die Bauarbeiten auf dem zweiten Bauabschnitt vor dem Abschluss (wahrscheinlich, wenn die Bauarbeiter alles, was nicht niet- und nagelfest ist, von links nach rechts getragen haben), »gerade« müsste ich doch eigentlich Besseres zu tun haben, als auf der Baustelle rumzulaufen.

»Ich wollte nur mal schauen, wie es so vorangeht«, sage ich dann, wenn Herr Läufer mich fragt, ob wir »gerade« noch was zu besprechen hätten. Dann gehe ich noch einmal das Mustertownhouse ab, von unten nach oben, von oben nach unten. Wenn ich weiß, dass Herr Läufer in einem Kundengespräch ist, mache ich ein paar Fotos. Vom Boden. Von den Türen. Von den Räumen. Vom Oberlicht im Bad. Ich gehe dabei heimlich vor, wie ein Spion. Manchmal habe ich einen Zollstock dabei, in unbeobachteten Momenten nehme ich Maß: Ich messe die Raumgröße, die Türenbreite, die Höhe der Fenster und trage die Maße in ein kleines schwarzes Büchlein ein. Einmal werde ich dabei von Herrn Läufer erwischt, er sagt zu mir: »Aber die Maße stehen doch in den Grundrissplänen.«

»Wollte ich nur schnell überprüfen«, sage ich und klappe den Zollstock zusammen.

Am Abend vergleiche ich die von mir genommenen Maße mit den Grundrissen. Die Grundrisse scheinen sauber gezeichnet zu sein, ich nehme das als weiteres positives Signal, dass die Entscheidung für dieses Haus die richtige war. »Die Maße stimmen«, rufe ich meiner Frau zu, und die antwortet: »Natürlich. Warum auch nicht.«

Aber ich fahre nicht nur am Samstag auf die Baustelle, um den Fortschritt zu begutachten, um Fotos zu machen und Maß zu nehmen. Regelmäßig fahre ich abends hin, so gegen zehn, weil ich wissen will, wie es sich mit der Lautstärke verhält, und natürlich auch, um zu schauen, wer um diese Zeit so alles auf der Straße rumläuft. Ich musste mehrmals fahren, bis ich mir sicher war: Abends um zehn Uhr ist kein Mensch auf der Straße. Niemand. Dementsprechend ruhig ist es auch, man hört im Grunde gar nichts, keine Autos, keine Menschen – nichts. Abends um zehn hört es sich in der Straße, in der wir in Zukunft wohnen werden, so an wie abends um zehn in der Straße, in der ich aufgewachsen bin. Tatsächlich weiß ich in diesem Moment der Erkenntnis nicht, ob ich das gut oder schlecht finde, deshalb beschließe ich, diese Entdeckung vorerst für mich zu behalten.

***

Dann kommt Bewegung in die Sache, Herr Läufer ruft mich an, er will einen Termin mit uns und dem ausführenden Architekten vereinbaren, wir sollten uns doch schon mal Gedanken über unseren individuellen Grundriss machen. Wo hätten wir gerne was? Wo sollen Wände stehen – und wo nicht. Wie wollen wir in Zukunft leben – das ist die eigentliche Frage. Herr Läufer bittet uns darum, ihm die ersten Wünsche per Mail zu schicken.

»Ich denke, die haben noch gar nicht angefangen zu bauen«, sagt meine Frau, als ich mit vielen leeren weißen Blättern vor ihr stehe, »wieso sollen wir denn jetzt schon sagen, wie es aussehen soll? Müssen die nicht erst mal das Grundgerüst bauen?« Ich belehre meine Frau, dass es so etwas wie ein Grundgerüst nicht gibt, sondern nur Außenwände, und dass es wahrscheinlich einfacher ist und vor allem schneller geht, wenn die wissen, wie wir das innen haben wollen, und reiche ihr den weißen Papierstapel. Und dann beginnen wir mit dem Zeichnen.

Ich zeichne im Erdgeschoss einen größeren Raum ein, der mein Arbeitszimmer werden soll, die kleine Fläche zwischen Schleuse und Treppe soll ein Gästebad werden, der Rest ist Flur. Weil mir das erste Obergeschoss zu kompliziert erscheint, mache ich mit dem zweiten Obergeschoss weiter. Da ich die Lage des Badezimmers für unverrückbar halte, zeichne ich zwei Zimmer ein, und zwar so, wie wir es im Mustertownhouse gesehen haben, dann schaue ich zu meiner Frau.

»Guckst du ab?«, fragt sie mich ein wenig entrüstet.

»Entschuldige mal, wir sind hier nicht in der Schule und das ist keine Prüfung.«

»Zeichne deinen eigenen Grundriss.« Sie hält jetzt ihren linken Arm vor ihren Zettel, damit ich nichts mehr sehen kann. Ich fange also mit dem ersten Obergeschoss an. Ich denke, das ist leicht, konzentrier dich, ein großer, rechteckiger Raum, man braucht nicht einmal viel Phantasie, um sich vorzustellen, wo die Küche und das Wohnzimmer hinkommen, die Möglichkeiten sind begrenzt, es gibt im Grunde nur zwei Möglichkeiten. Oder drei. Also eigentlich vier. Und zum ersten Mal befällt mich eine leichte Panik: Das, was wir jetzt hier einzeichnen, wird auch so gebaut, das steht dann hundert Jahre, das muss sitzen, da können wir nicht nach einem halben Jahr sagen, dass uns das doch nicht gefällt.

»Das ist zu schwer«, sage ich zu meiner Frau, und sie sagt: »Du willst also ein Haus bauen und kannst dir nicht mal vorstellen, wie du die Zimmer aufteilen willst? Wollen wir uns vielleicht nach einem Loft umsehen?«

»Du musst mir helfen«, sage ich zu ihr, in einer Mischung aus Nervosität und Resignation. »Bitte.«

»Vielleicht solltest du versuchen, es in Worte zu fassen, es zu beschreiben. Anstatt zu zeichnen.« Ich schaue auf meinen Bogen und nicke. Ich habe gerade mein erstes »Mangelhaft« als Bauherr bekommen.

Meine Frau zeigt mir ihre Zeichnungen, verschiedene Varianten, auf allen sind komische Strichzeichnungen, sie sehen ein bisschen aus wie Männchen, wie Höhlenmalerei, ich frage sie: »Und was ist das da?« Und sie sagt: »Das ist unsere Tochter, das bist du, und das da, das bin ich.«

***

Eine Stunde später schreibe ich eine Mail an Herrn Läufer, zur Vorbereitung des Treffens mit dem Architekten. Keine Zeichnungen, sondern einfach nur Text, ich schreibe:

EG: Da hätte ich gerne ein Arbeitszimmer, welches auch als Gästezimmer funktioniert. Da muss rein: Schlafsofa, Schreibtisch und ca. 10 Bücherregale, deshalb sollte das kein »offener Raum« werden. Wenn möglich, sollten wegen der Nutzung als Gästezimmer unten WC, Waschbecken und Dusche vorhanden sein, ebenso die Möglichkeit, dort Waschmaschine und Trockner zu platzieren. Diese sogenannten Schränke an der rechten Wand sollten zudem auch als Schränke nutzbar gemacht werden.

1. OG: Hier besteht größter Beratungs- und Diskussionsbedarf! Denn hier müssen Wohnzimmer, Küche, Esszimmer und ein Arbeitsplatz für meine Frau geschaffen werden – einen Abstellraum oder einen Badbereich wollen und brauchen wir hier nicht.

Variante 1: Die Wohnküche sollte zum Garten hin sein, bitte »offen« halten. Auf der anderen Seite sollte es hingegen zu sein – und nach Möglichkeit zwei Zimmer, ein größeres und ein kleineres. In das kleinere müssen nur ein Schreibtisch und ein, zwei niedrige Regale. Das größere wäre der »Fernsehraum« mit einem relativ großen Sofa als Hauptmöbel.

Variante 2: Zum Garten hin das Wohnzimmer als geschlossener Raum. Das »Küche-Esszimmer« ist im hinteren Bereich,

»offen«. Und das, was dann der großzügige Flur ist, bietet meiner Frau den Arbeitsbereich.

Variante 3: Wohnzimmer wie 2, Küche quasi komplett im Flur, im hinteren Bereich 1/3 Arbeitszimmer (geschlossen) und 2/3 Esszimmer.

2. OG: Relativ einfach, denn hier sollte zum Garten hin das Elternschlafzimmer sein, logischerweise zu, mit Tür. Ins Bad bitte: Dusche, Badewanne, zwei Waschbecken, Bidet wenn möglich, kein Muss. Auf der anderen Seite ein Kinderzimmer, allerdings mit der Vorgabe, dieses Zimmer bei Bedarf (2. Kind) mittig teilen zu können.

***

Besonders stolz bin ich auf die drei verschiedenen Varianten, daran merkt man, wie viele Gedanken wir uns gemacht haben, also vor allem meine Frau. Ich schicke die Mail ab und fühle mich für das Treffen optimal vorbereitet, aber als wir dann im Mustertownhouse dem Architekten gegenübersitzen, stellen meine Frau und ich fest, dass wir von nichts eine Ahnung haben.

Zum Beispiel haben wir keine Ahnung von Architekten. Einem Klischee zufolge, das ich eigentlich in der Wirklichkeit oft genug überprüft hatte, tragen Architekten als Grundfarbe Schwarz, in jedem Fall aber bemüht sich ein Architekt, mit der Wahl seiner Garderobe bereits klarzumachen, wo sein architektonischer Ansatz steckt – die Anforderungen, die der Architekt an seine Kleidung stellt, ähneln seinen Anforderungen an Gebäude, in den meisten Fällen bedeutet das: klare Linien, klare Formen, kein Schnickschnack, keine Farben, Kühle, Strenge. Demzufolge müsste uns der Architekt, der uns an diesem Abend gegenübersitzt, die Villa Kunterbunt nachbauen.

Herr Lösing ist ein eher kleiner Mann, nicht mehr jung, noch nicht alt, wenig Haare, kleine Brille. In seinem Gesicht ahnt man, dass er einmal Großes vorgehabt haben muss, aber die Kompromisse seines beruflichen Lebens haben ihn zum einen hart gemacht, zum anderen traurig. Vielleicht ist es diese Traurigkeit, die es ihm unmöglich macht, in der weltweit anerkannten Uniform des Architekten aufzutreten, vielleicht glaubt er, er habe dieses Recht nicht verdient. Herr Lösing trägt ein hellgrünes, kurzärmliges Hemd, das aus einem Material besteht, aus dem andere Menschen ökologisch sinnvolle Taschen herstellen. Seine graue Hose ist bequem, er trägt Sandalen. Während des gesamten einstündigen Termins wird er uns nicht einmal in die Augen schauen.

Er sagt, mit Blick auf den Ausdruck unserer Mail, dass er sich unsere Mail sehr genau angesehen habe, was wir zunächst als gutes Zeichen werten. Dann habe er sich ein paar Gedanken gemacht, was wir zunächst als schlechtes Zeichen werten. Er hat eine große Rolle Butterbrotpapier dabei und beginnt dieses Butterbrotpapier auf einen Grundriss zu legen, dann fängt er an zu zeichnen und erklärt, was alles möglich ist, wenn man unsere Wünsche beachten will. Er redet und zeichnet, mehrere Varianten legt er uns vor, während er weiterredet und zeichnet, die Küche ist mal hier, mal dort, das Arbeitszimmer meiner Frau ist mal in der Mitte des ersten Obergeschosses, mal ein fensterloser Raum, das Badezimmer im zweiten Obergeschoss ist mal offen, mal hat es einen Zugang nur von einem der Schlafzimmer. Lösing redet und zeichnet sich in einen Rausch, er will beweisen, was alles möglich ist, was er alles kann. Irgendwann sagt er dann aber doch: »Und das fände ich am besten. Wir machen das Esszimmer in die Mitte des ersten Obergeschosses, also genau da, wo auch die Mitte des Hauses ist. Das ist der Townhouse-Klassiker, das symbolisiert, dass das gemeinsame Essen der Mittelpunkt ist, das zentrale Element. Wenn wir das machen, haben wir folgende Vorteile: Die Küche könnte zum Hof hinausgehen, wir brauchen aber nicht die gesamte Breite, sondern könnten ein Drittel des Raumes abtrennen und bekämen ein Arbeitszimmer. Der gesamte Raum zum Garten hin wäre dann Wohnzimmer. Der Nachteil ist, dass wir kein Gästebad im ersten Obergeschoss hätten, dafür aber ein vollwertiges Gästebad im Erdgeschoss, wenn wir dort nur ein Arbeitszimmer hinbauen – und natürlich noch das Bad im zweiten Obergeschoss. Allerdings wollen Sie dort ja einen Abstellraum haben, was auch vernünftig ist, wenn Sie das größere der beiden Zimmer im zweiten Obergeschoss einmal teilen wollen – Sie brauchen dann ja Platz für eine zweite Tür. Das heißt aber, wenn wir den Platz für den Abstellraum vom Bad nehmen, dass hier dann keine Badewanne reinpasst. Diesen Platz hätten wir dann allerdings im Badezimmer im Erdgeschoss, das wir ja großzügig halten können. Jedenfalls, wenn wir dort auf eine Dusche verzichten. Dann hätten Sie halt unten eine Badewanne, oben eine Dusche. So.« Während er geredet hat, hat er noch einmal gezeichnet. Er gibt meiner Frau und mir die finale Zeichnung. Wir schauen drauf. Ist das unser Haus? Werden wir da drin leben und alt und glücklich werden? »Ich würde das natürlich noch einmal sauber zeichnen und Ihnen per Mail schicken.« Lösing sieht erschöpft aus, erschöpft, aber zufrieden mit sich und seiner Arbeit.

***

Drei Tage später schickt Lösing ein PDF des Grundrisses an die Mailadressen von mir und meiner Frau. Ich sitze im Büro, fünf Minuten nach Lösings Mail bekomme ich eine Nachricht von meiner Frau: »Der Architekten-Vorschlag ist so weit okay, und ich will eigentlich nicht groß nerven, aber geht es nicht doch irgendwie, dass in beiden Bädern eine Dusche ist?«

In diesem Moment weiß ich, dass ich einen schweren Gang vor mir habe, den ich vermeiden wollte, unter allen Umständen. Ich muss mich mit Oliver treffen, Oliver dem Architekten. Er ist mein ältester, mein bester Freund, und ich habe ihm bis jetzt nichts von dem Haus erzählt. Nicht, weil er mein ältester und bester Freund ist, sondern weil er leider auch Architekt ist, ein sehr guter Architekt, aber das spielte nie eine Rolle, denn er sollte mein Freund bleiben, er ist auch der Patenonkel meiner Tochter, aber jetzt muss ich mit ihm sprechen, jetzt brauche ich seine Hilfe, seinen Rat. Und ich weiß, dass ich seine Hilfe und seinen Rat bekommen werde, und dazu noch all seine Wut und all seinen Hass.

Alle Architekten, die ich kenne, haben in ihrem ganzen Leben noch nie ein tolles Haus gesehen. Sagen die immer, überall, egal, was sie sehen: »Alles scheiße. Alles falsch. Kann man so nicht machen.« Das verblüfft mich immer wieder, denn ich habe zum Beispiel bestimmt schon tausend tolle Texte gelesen, tatsächlich habe ich sogar schon mindestens zweimal selber einen tollen Text geschrieben. Aber während Journalisten zum Größenwahn neigen, werden Architekten wohl von der Schwermut angezogen: Im Prinzip kann man gar kein Haus bauen, deshalb kann man es auch gleich lassen.

Ich habe meinen Freund nicht um Rat gefragt, als ich das Haus gekauft habe. Zum einen fragt er mich auch nie, wenn er sich ein Magazin kauft, zum anderen wollte ich mir das Geschimpfe nicht anhören. Jetzt rufe ich ihn an, ich müsse ihn dringend sprechen, wir verabreden uns zu einem Spaziergang. Als wir uns begrüßen, frage ich ihn, wie es denn so ginge, und er sagt: »Alles scheiße.« Er erzählt mir von Auftraggebern, die keine Ahnung hätten, von Bauherren, die ihn nicht machen lassen würden, von Wettbewerben, bei denen er nur Zweiter wurde, weil der Gewinnervorschlag wohl »gefälliger« gewesen sei, einfacher in seiner Dummheit. Billiger wohl sowieso. Überhaupt, seine Kollegen! Hätten kein Bewusstsein! Kein historisches, kein ästhetisches, kein ethisches. »Pack und Gesocks, allesamt.« Wir gehen eine

Weile schweigend nebeneinanderher, dann sage ich schließlich: »Wir haben übrigens ein Haus gekauft.«

»Ihr habt was gemacht?«

»Ein Haus haben wir gekauft, ein Reihenhaus, also ein Townhouse. Tolle Lage. Großartige Ausstattung. Relativ günstig.«

»Und das erzählst du mir jetzt? Warum hast du mich nicht vorher gefragt? Warum hast du mir das nicht gezeigt?«

»Weil du gesagt hättest, ich solle das lassen. Alles scheiße. Alles falsch. Kann man so nicht machen.« Er sagt jetzt nichts, er schweigt.

»Jetzt weißt du es ja.«

»Ja. Jetzt. Wo es zu spät ist.«

»Herrje, du weißt doch gar nichts darüber. Du kennst doch das Projekt überhaupt nicht. Wie willst du wissen, dass das nichts taugt, dass wir einen Fehler gemacht haben? Das Haus, das ich gekauft habe, ist relativ simpel: Es ist halt ein Reihenhaus, drei Stockwerke, der Grundriss zeigt ein Rechteck. Ein Neubau. Er entsteht gerade.«

Er sagt jetzt nichts mehr, minutenlang gehen wir schweigend nebeneinanderher, schließlich sagt er, offenbar unter großen Schmerzen, dass ich ihm die Grundrisse schicken solle. Er sagt, er mache das für seine Patentochter. Wir geben uns zum Abschied die Hand, wie Bekannte das tun.

Ich schicke ihm die Grundrisse, ich schreibe nichts dazu, die Betreffzeile lasse ich leer. Er antwortet per Mail nach einer Stunde, das ist seine Antwort:

»Im EG stört mich die Eingangssituation, aber ich weiß noch nicht, wie man das besser machen kann. Die Oberlichter in der Wand zwischen Arbeitszimmer und Flur sind sicher von Vorteil, damit der Gang nicht ganz so dunkel ist! Allerdings ist hier jetzt von 2,50 m bis 2,87 m (Unterkante Decke) geplant, das ist nur ein Streifen von 37 cm, da kommt nicht viel Licht durch. Ich würde mindestens auf 2,20 m, eher 2 m runter. Mit einer guten künstlichen Beleuchtung kann man auch viel machen. Ich würde schauen, dass sie den Schacht (60×35) noch zum Eingang hin verschieben, dann ergibt sich eine saubere Flucht zur Treppe bzw. Wand zum Arbeitszimmer. Zu diesem Thema später mehr … Dann ist im Abstand zwischen Schacht und Schleuse der richtige Ort für Jacken und Schuhe etc. Man kommt die Treppe runter auf die Garderobe zu, nimmt sich die Jacke und geht dann links oder rechts raus. Habt ihr mal prüfen lassen, ob unten auch ein separates WC möglich ist? Würde ich mir überlegen, statt zusätzlicher Dusche. Ich finde, dass im Idealfall Gäste und Wäsche/Bad getrennt sein sollten.

Das erste Obergeschoss ist super, das Arbeitszimmer ist zwar winzig, aber immerhin. Ein Schreibtisch kann vors Fenster, links passt ein Schrank mit Schiebetüren hin. Bei der Terrasse ist eine Schwelle von 15 cm eingezeichnet (BRH steht für Brüstungshöhe), das würde ich auf jeden Fall vermeiden. Stolperfalle! Beim Essplatz kommt in der Ecke das Fallrohr vom WC oben runter (DD 15×15). Achtung, Schalldämmung! Evtl. zusammen mit dem Stahlbetonwandvorsprung mit Rigips zu einem sauberen Rechteck verkleiden. Besonders hier finde ich es wichtig, den Schacht (60×35, siehe EG) Richtung Küche zu verschieben, dass er bündig mit der Küche und der Wand vom Arbeitszimmer ist. Dass im Essbereich die Decke auf 2,80 m abgehängt ist (wegen der Installation im 2. OG), finde ich nicht schlimm, allerdings sollte dann direkt in der Decke auch das Kabel für die Esstischbeleuchtung bis genau an die richtige Stelle verlegt werden. Euerm Esstisch entsprechend. Aufpassen muss man, wo die abgehängte Decke küchenseitig aufhört, nicht dass da so eine komische Ecke im Raum hängt. Am besten den Schacht in die Ecke der Küche und dann die abgehängte Decke bis Kücheninnenseite der Anrichte verlängern. In der Küche muss man noch auf die Aufschlagrichtung der Fenster achten (nicht eingezeichnet).

Im zweiten Obergeschoss würde der Schacht allerdings ins

Schlafzimmer hineinragen, das, finde ich, wäre aber zu verschmerzen. In der Küche stört er mich mehr. Das zweite Obergeschoss ist ansonsten perfekt, die Lösung mit dem Abstellraum ist super. Auch das Bad ist klasse, ein richtig schönes Bad.

Ach so: Legt in jedem Raum Lichtschalter und Steckdosen zusammen fest. Sonst ärgert man sich später! Lieber eine mehr als eine zu wenig! Das Gleiche gilt für Telefon und TV, lieber gleich anständig verlegen lassen.«

Schacht? Was für ein Schacht? Ich schaue mir die Grundrisse noch einmal an und erkenne tatsächlich etwas, das wohl ein Schacht sein soll. Und der da nicht hingehört. Genauso wie das Fallrohr, von dem ich nie gedacht hätte, dass es ein Fallrohr sein könnte. Und wir haben also tatsächlich eine abgehängte Decke? Wegen Installationen? Und es gibt eine Stolperfalle? Die Oberlichter im Arbeitszimmer sind zu klein? Ich lese die Mail noch einmal, sie klingt logisch, ohne dass ich sie genau verstehe, also schicke ich sie an Herrn Läufer und an Herrn Lösing und tue einfach so, als seien all diese Vorschläge und Bedenken von mir. Auch damit sie wissen, dass sie mit mir nicht machen können, was sie wollen. Damit sie wissen, dass ich ein Mann vom Fach bin.

Einen Tag später bekomme ich eine Mail von Herrn Lösing. Einiges könne er berücksichtigen, anderes verstehe er nicht, zum Beispiel sei die Brüstungshöhe zwingend vorgeschrieben, und von einer Stolperfalle könne man ja bei 15 Zentimetern auch nicht gerade sprechen. Anbei schickt er einen neuen Grundriss, den ich sofort an meinen Architektenfreund weiterleite, denn die Zeit drängt ein wenig, in drei Tagen haben wir einen Termin beim Notar, um den Kaufvertrag zu unterschreiben, was allerdings anscheinend erst möglich ist, wenn der Grundriss »final« feststeht. So hat mir Herr Läufer das mitgeteilt: Der Grundriss müsse »final« feststehen. Und davor habe ich dann doch ein bisschen Angst.

Ich sage meiner Frau, dass ich noch auf eine Mail warte, eine letzte Draufsicht, dann stünde der Grundriss »final« fest – ob das in Ordnung sei. Sie sagt, dass das natürlich in Ordnung sei, dass sie gar nicht wüsste, was denn jetzt noch so lange dauert. Ich zucke mit den Schultern, zum ersten Mal habe ich das Gefühl, dass das alles vielleicht doch zu schnell geht, zu schnell und zu »final«, und dann ist da auch noch dieser Notartermin. Ich kenne die Geschichte eines Mannes, der hatte sein ganzes Leben in einer kleinen Mietwohnung gelebt, bis er sich, da war er schon über 70 Jahre alt, zum Kauf eines kleinen Häuschens entschloss. Alles war geregelt, der Kauf so gut wie perfekt, der alte Mann saß beim Notar und hatte den Füller schon in der Hand, da bat er darum, doch noch einmal kurz seinen Sohn anrufen zu dürfen. Sein Sohn stand bei einigen Autohändlern und Immobilienmaklern auf der roten Liste, weil er einen Hang dazu hatte, sich alles anzuschauen, sich von allem Angebote geben zu lassen, die Menschen dabei fast in den Wahnsinn trieb – um am Ende doch nichts zu kaufen. Der Sohn lebte mit seiner Frau in Berlin, in der Wohnung, in die sie fast 40 Jahre zuvor als Studenten eingezogen waren. Mittlerweile war er Hochschulprofessor und sie Mitinhaberin einer psychologischen Praxis, sie hatten keine Kinder, sie verdienten gut, und sie wohnten immer noch auf 80 Quadratmetern in einem Teil von Kreuzberg, in dem man schon in der Dämmerung nicht sein will. Die Möglichkeiten, die das Leben, der Markt, die finanziellen Verhältnisse den beiden gab, schöpften sie bis zu einem gewissen Punkt voll aus. Bis sie etwas kaufen mussten. Sie kauften nie etwas.

Der Vater rief ihn an, er sagte ihm, er sitze beim Notar, er habe den Füller schon in der Hand, um den Kaufvertrag für das kleine Häuschen zu unterschreiben, aber irgendwie habe er ein seltsames Gefühl, ein bisschen mulmig sei ihm bei der ganzen Sache. Und der Sohn sagte zu seinem Vater, dass er nicht unterschreiben müsse, wenn er nicht wolle, er könne jetzt sofort aufstehen und gehen. Und sein Vater stand auf und ging. Er ist in seiner Mietwohnung gestorben.

***

Wir sitzen im Wartezimmer eines Anwalts- und Notarbüros in bester Ku'dammlage. Altes Westberlin, der Glanz früherer Jahre, man spürt Trotz, den die Menschen hier entwickelt haben, den Trotz und die Gleichmütigkeit gegenüber allem, was östlich von ihnen passiert, in Mitte, Unter den Linden, in der Friedrichstraße, in Prenzlauer Berg. Die Kanzlei ist riesig, Altbau, hier wird, das sieht man, das soll man sehen, Geld verdient, auch mit Menschen wie uns. Zu trinken bekommen wir Leitungswasser, ich habe Champagner erwartet, obwohl ich den nicht mag. Meine Frau will als Käuferin im Kaufvertrag stehen, sie sagt, dass wir das zusammen machen würden, sie und ich. Ich hatte sie gefragt, ich hätte es auch alleine gekauft, aber sie will es so. Gestern habe ich dann den »finalen« Grundriss abgeschickt, mein Architektenfreund hat Herrn Lösing noch einmal erklärt, wie man mit dem Schacht umgehen müsse und wie mit den Oberlichtern, und Herr Lösing hat all das wohl unter großem Murren eingezeichnet. Die letzte Mail von meinem Architektenfreund lautete so:

»Das mit dem Schacht hab ich mal kurz aufgezeichnet. So wird das jetzt gemacht, allerdings wäre die Ecke vom L dann belegt vom Schacht. (Welches L? Egal.) Mir wäre wichtiger, dass es sauber aussieht. Außerdem würde ich den langen Schenkel des L als Küche benutzen und den kurzen als Durchreiche bzw. hin und wieder als Arbeitsplatte. (Welchen langen Schenkel, welchen kurzen Schenkel? Egal.) Das Ganze hängt zusammen mit der abgehängten Decke. Die muss ja irgendwo aufhören. Da gibt es dann eine Stufe. (Was für eine Stufe? Egal.) Das mit der Terrassentür ist dann halt so. Seltsame Vorschriften …

Unten im Bad müsst ihr bedenken, dass die Waschmaschine so unter der Treppe steht. Trockner auf Waschmaschine wird dann reichlich knapp. Es kommt wohl hin, aber der Zugang zur Dusche wird eng.

Ansonsten würde ich es so laufen lassen.«

Laufen lassen. Nachdem wir eine Viertelstunde gewartet haben, kommt der Notar aus seinem Büro, Herr Läufer ist in der Zwischenzeit auch eingetroffen, im Gegensatz zu uns wirkt er ruhig, es ist nicht sein erstes Mal, unseres schon. Der Notar ist ein großer, hagerer Mann, er sieht ein bisschen aus wie der Tod auf Stelzen, vielleicht will ich aber auch nur, dass er so aussieht. Er bittet uns in einen Raum, der offensichtlich der Konferenzraum der Kanzler ist, wir nehmen Platz, er setzt sich uns gegenüber, er fragt, ob wir noch Wasser haben wollen, was wir verneinen. Und dann liest er vor. Den ganzen Kaufvertrag. Über 80 Seiten. Er lässt nichts aus, er darf nichts auslassen, und als er fertig ist, nehme ich einen Stift in die Hand, und meine Frau bittet ihn, diese eine Stelle noch einmal zu wiederholen, die habe sie nicht ganz verstanden. Der Notar wiederholt diese eine Stelle, erst jetzt ist meine Frau zufrieden und greift zum Stift. Wir unterschreiben, der Notar gibt uns die Hand – das war es. Herr Läufer sagt: »Herzlichen Glückwunsch.« Und wir sagen: »Danke.«

»Was machen wir jetzt?«, frage ich meine Frau, als wir auf dem Ku'damm stehen. Sie sagt: »Lass uns von hier verschwinden.«

***

Als wir zu Hause ankommen, haben wir eine Nachricht auf dem Anrufbeantworter. Ich höre sie ab. Es ist Oliver, er fragt, ob der Notartermin schon gewesen sei, ihm sei da nämlich doch noch etwas aufgefallen, leider erst jetzt, aber man müsse doch noch ein paar Dinge ändern, wichtige Dinge, Dinge, die mit Ecken zu tun hätten. Er habe mir noch mal schnell einen neuen Grundriss geschickt.

Auf den ersten Blick erkenne ich keinen Unterschied: ein Rechteck, drei Etagen, ein Reihenhaus halt. Zum Glück ist ein langer Text dabei, der erklärt die Veränderungen, ohne die, so steht es da, sei das Haus unbewohnbar.

»Ich glaube, er hat recht«, sage ich zu meiner Frau, als ich ihr die Mail zeige. »Und was machen wir jetzt?«, fragt sie.

»Ich schreibe Lösing, dass das alles so doch noch nicht geht, final hin oder her.«

Schreiben ist ein großes Wort – ich kopiere die Nachricht meines Freundes in die Mail, versuche sie etwas netter zu formulieren und schicke Folgendes los:

»Lieber Herr Lösing, wir wissen, so etwas mag niemand, aber hier noch einige Punkte, die uns nach erneuter Durchsicht der Grundrisse doch noch wichtig wären – mit Bitte um Rück- bzw. Absprache:

Erstes Obergeschoss:

1. Die Wände des Arbeitsraums können komplett in Wandstärke 100 mm ausgeführt werden.

2. Der Heizkreisverteiler läge dann in der GK-Wand des Treppenauges. Bitte nehmen Sie Stellung zu einer etwaigen Revisionsöffnung in diesem Bereich und zu anderen entstehenden Nachteilen, bedingt durch die Verlegung des HKVs.

3. Die Öffnungsbreite der Tür zum Arbeitszimmer ist mit einer 76er Größe ausreichend bemessen. Die Lage wäre möglichst nah an der Treppenhauswand.

4. Die abgehängte Decke im Essbereich ist räumlich nicht eindeutig und führt zu einem sehr heterogenen Raumeindruck. Ist eine Rückführung auf Vorlagenbreite möglich?

5. VK Schacht und VK Arbeitszimmer liegen auf einer Höhe.

Zweites Obergeschoss:

1. Die Lichtkuppel im Bad liegt weder in der Mittelachse der

Duschtrennwand noch in der Achse des Waschbeckens. Bitte aber unbedingt berücksichtigen.

Bitte beachten Sie bei den Änderungen, dass sowohl auf Treppenhausseite als auch auf Küchenseite die Vorderkanten der Vorlagen, Schächte und Einbauwände in einer Achse liegen müssen, um ein homogenes Bild zu erzeugen.

Vielen Dank für Ihre Mühen und schönen Gruß.«

Ich verstehe nicht annähernd die Hälfte der Mail, die ich gerade geschrieben habe, und die Antwort von Lösing verstehe ich auch nicht:

»Sowohl Wandstärke als auch Türbreite für das Arbeitszimmer sind problemlos realisierbar. Den Standort des Heizkreisverteilers an der Treppe halte ich für sehr sinnvoll. Heizkreisverteiler sind ähnlich wie Sicherungskästen immer ein unschönes notwendiges Einbauteil, an das man (eigentlich) nie mehr ran muss, wenn alles funktioniert. Nun wissen wir aber leider alle, dass Murphys Gesetz sicher zuschlägt. Daraus ergäben sich für mich folgende Entscheidungsvarianten:

– Klappe des Sicherungskastens auf die Treppenseite, dann kann man immer problemlos dran, und auf der Essplatzseite ist ein Einbauschrank machbar. Das sieht dann aber beim Treppensteigen nicht sehr schön aus.

– Klappe des Sicherungskastens auf die Essplatzseite, dann sollte ein leichtes Sideboard oder etwas Ähnliches davorgestellt werden, das man leicht wegräumen kann.

– Klappe des Sicherungskastens auf die Essplatzseite, mit festem Einbauschrank davor, der entweder keine Rückwand oder eine herausnehmbare Rückwand hat. Dann wäre es wahrscheinlich auch möglich, die Klappe des HK-Verteilers einfach ganz wegzulassen. Bei allen Varianten müssen der untere Teil des Schrankes ausgeräumt und eventuelle Regalbretter weggenommen werden. Zusätzlich wäre zu beachten, dass ein Schrank meistens einen Sockel hat – der HK-Verteiler sollte also nicht direkt auf dem Boden, sondern etwas weiter oben in der Wand stehen.

Einfach in Ruhe drüber nachdenken und Herrn Töhlke rechtzeitig die Entscheidung mitteilen.

Die abgehängte Decke über dem Essplatz können wir zurücknehmen und auf die VK der Wandvorlagen beziehen, allerdings scheint mir die »Decke« des Wandpaneels mit dem Lampenanschluss länger zu sein als 60 cm. Die Vorderkante des Paneels mit Lampe schwebt dann.

Alle Wandvorlagen und Schächte werden mit Längen- und Breitenmaßen aufeinander bezogen ausgeführt. So entsteht rund um die Sitzbank mit Schacht, Stütze und abgehängter Decke ein Rahmen. Da sollten Sie sich in der Rohbauphase jedoch noch mal mit Herrn Töhlke beraten, ob die 60er Trennwand Essen/ Wohnen nicht besser so breit wird wie der Küchenschacht. Oft sieht so eine Symmetrie im Grundriss logisch aus, ist aber in der Realität gar nicht mehr wahrnehmbar.

Die Lichtkuppel schieben wir auf die Achsen Waschtisch/ Duschtrennwand, dann aber bitte dran denken, wenn Sie im Bad noch etwas verschieben möchten.«

***

Töhlke. Wer ist Töhlke? Was hat dieser Töhlke mit meinem Haus zu tun? Ich bin zufrieden mit der Antwort, aber ich grübele über diesen Namen: Töhlke. Was will der? Was macht der? Wann lerne ich Töhlke kennen?

***

Töhlke, Karl. Bauleiter. Ein Name wie Donnerhall, ein Mann fürs Grobe und für das Feine zugleich. Ein Mann, von dessen Existenz unser Haus abhängen wird, dem man ausgeliefert ist, auf Gedeih und Verderb. Man kann einen Architekten auswechseln, einen Vorarbeiter, den Installateur, den Elektro-Mann. Wahrscheinlich kann man sogar die Bausparkasse wechseln, wenn man das Gefühl hat, man wäre woanders besser aufgehoben. Aber der Bauleiter bleibt. Für immer. Jedenfalls bis zur sogenannten Abnahme. Bis dahin ist dieser Mann, Töhlke, Bauleiter, wichtiger als der eigene Friseur, denn der Bauleiter ist der Mann, dem man alles erzählen muss, bei ihm muss man die Beichte ablegen, es gibt nichts, was er nicht wissen darf, im Gegenteil: Der Mann muss alles wissen, er muss alles erfahren, die dunkelsten Sehnsüchte, die leichtfertigsten Träume, die absurdesten Wünsche. Man muss sie ihm erzählen, man muss sie mit ihm teilen, man muss sie mit ihm leben.

***

Das Telefon klingelt, ich nehme ab. »Töhlke, Tach. Wir sollten uns treffen.«

»Das denke ich auch. Wann und wo?«

»Passt es Ihnen morgen Mittag auf der Baustelle? Sagen wir gegen 13 Uhr?«

»Ich werde da sein«, sage ich und lege auf. Das Telefon klingelt noch mal, wieder Töhlke, er sagt: »Ich bin übrigens im fertigen Apartmenthaus, dritte Etage, hinten links. Ach, und bringen Sie etwas Zeit mit, ja?« Ich werde Zeit mitbringen, das verspreche ich ihm.

***

Mit viel Zeit stehe ich um 13 Uhr am nächsten Tag hinten links in der dritten Etage des Apartmenthauses. Ich klopfe an die Tür, und ein Mann öffnet, Töhlke, Karl, Bauleiter. Wir geben uns die Hand. Wir besiegeln unsere gemeinsame Zukunft.

Der Mann, mit dem ich meine Zukunft teilen werde, ist eher klein als groß. Er ist kompakt, vielleicht war er früher mal drahtig, aber jetzt ist er Anfang fünfzig, das Haar, das irgendwie kurz ist und irgendwie stoppelig, ist teilweise grau. Ein gutes Gesicht, denke ich, klar, auf eine Art ehrlich, die Augen sind blau. Die Sachen, die Töhlke trägt, kann man nur praktisch nennen: leichtes, sportives Schuhwerk, eine Jeans, wie sie für Männer seines Alters erdacht wurden, dazu ein bordeauxfarbenes Hemd, unter dem ein weißes T-Shirt blitzt, Fehler und gleichzeitig Erkennungsmerkmal älterer Männer, die denken, dass so eine Kombination einen Rest Jugendlichkeit symbolisiert. »Na, dann wollen wir mal«, sagt Töhlke und bittet mich in die Wohnung. Diese Wohnung hat nur einen einzigen Zweck, sie soll den Käufer bemustern, sie soll ihm zeigen, was in den Bereichen der Böden, der Bäder, der Türen, der Elektrik alles möglich, alles machbar ist. In den Räumen wurden verschiedene Parkettarten verlegt, es gibt zwei Bäder, die unterschiedlich gefliest sind, keine Tür in der Wohnung gleicht der anderen, die Steckdosen sind mal weiß, mal braun, mal cremefarben – die Wohnung scheint von einem Schizophrenen eingerichtet worden zu sein.

»Kaffee ist leider alle«, sagt Töhlke, als wir an einem größeren Tisch Platz nehmen. Vor ihm liegt ein dicker Aktenordner, auf dem Einband steht »BA 3/Townhäuser«, das BA 3 bedeutet, so viel kann ich mir zusammenreimen, Bauabschnitt 3. Es ist Töhlkes Bibel, was nicht in diesem Aktenordner drinsteht, das gibt es auch nicht. Was hier nicht drinsteht, das wird nie gebaut. Er schlägt den Aktenordner an einer Stelle auf, wo auf dem Deckblatt mein Name steht, er beginnt zu blättern, ich erkenne, dass jede Korrespondenz, die ich seit unserem ersten Besuch im Mustertownhouse mit Läufer und Lösing geführt habe, hier abgeheftet ist, all unsere Wünsche und Träume und Sehnsüchte sind in diesem Aktenordner – auch die letzten Grundrisse, die finalen. »So«, sagt Töhlke, »dann legen wir mal los.«

Er sagt, dieser Termin habe eher den Zweck des Kennenlernens. Ich solle ein bisschen erzählen, wie wir uns das alles vorstellen, er mache sich dabei Notizen und werde dann über unsere Wünsche nachdenken. Ob er sie erfüllen könne. Außerdem werde er heute mit mir einen ersten Blick auf die Ausstattung werfen, mir zeigen, was alles drin sei im Kaufpreis. Und dann ginge das alles Schritt für Schritt seinen Gang, ab heute würde ich nur noch mit ihm zu tun haben, bis zum Abnahmetermin. »Ich begleite Sie bis zum letzten Schritt«, sagt er und lächelt. Keine Warnung, keine Drohung, auf eine unbestimmte Art fühle ich mich wohl, beinahe geborgen.

Ich gehe mit Töhlke die finalen Grundrisse durch, zunächst das Erdgeschoss, das leichteste. Mit meinem Arbeitszimmer und den Oberlichtern in der Wand zwischen Arbeitszimmer und Flur, ich weise ihn auf die richtige Höhe hin, ab zwei Metern, damit Licht in den Flur kommt. Töhlke fragt, ob ich über eine Glastür nachgedacht hätte. Glastür? Nein, ich habe nicht über eine Glastür nachgedacht, ich käme gar nicht auf die Idee, über eine Glastür nachzudenken. Glastüren sind in Jobcentern, Glastüren haben in Büros immer die Mitarbeiter, die kontrolliert werden müssen, die guten Mitarbeiter haben keine Glastüren, ich kenne Redaktionen, in denen die Frage nach einer Glastür zu Streit, Zerwürfnis, Kündigung geführt hat. Die Glastür ist das Symbol der Gescheiterten.

»Aber Sie hätten mehr Licht«, sagt Töhlke.

»Nein, keine Glastür«, sage ich, und es fühlt sich gut an, etwas so bestimmt und mit Nachdruck zu sagen. Töhlke schaut weiter auf den Grundriss, dann sagt er, dass er noch eine Idee habe, die werde er mir gleich in einem Rohbau auf dem ersten Bauabschnitt zeigen.

Das Gästebad, das mit Wanne, ohne Dusche, aber mit Platz für Trockner und Waschmaschine. Ich frage Töhlke, ob die Waschmaschine und der Trockner da auch tatsächlich hinpassen, wegen der Treppe, es könnte doch zu niedrig sein. Töhlke macht sich Notizen und sagt dann, er werde das prüfen.

Die Schleuse, in der Schleuse kann man nichts machen, darf man nichts machen, nicht mal etwas reinstellen darf man da, sie ist der Feuerschutz, das Bollwerk zwischen Garage und Haus. »Nichts reinstellen? Gar nichts?« Töhlke schaut mich an und sagt dann: »Wenn Sie da nichts reinstellen, wären Sie der Erste.« In diesem Moment erinnert mich der Mann an meinen Fahrlehrer, der mir bei der Führerscheinprüfung, als ich rückwärts einparken musste, mit den Fingern in seinem Schoß Zeichen gegeben hat. Jetzt nach vorne, jetzt nach hinten, einschlagen. Der Fahrlehrer durfte das nicht, aber er machte es trotzdem. Versteckte Zeichen.

Die Garage. Töhlke fragt mich, ob ich ein Rolltor haben wolle, ein Rolltor sei nicht drin im Kaufpreis, sei aber kein Problem, man könne mit der Rolltorfirma einen guten Preis aushandeln. Ich überlege, Rolltor, natürlich, eine Garage braucht ein Rolltor, also sage ich ihm, dass ich dieses Rolltor gerne hätte, und Töhlke schreibt sich das auf. Als er den Preis für das Rolltor nennt, fühle ich nichts, die Summe macht nichts mit mir, denn ich habe eine Grenze überschritten, als ich den Darlehnsvertrag unterschrieben habe. Auf der anderen Seite dieser Grenze spielen Kosten für Rolltore keine Rolle mehr.

Töhlke fragt, welcher Boden denn in den jeweiligen Räumen im Erdgeschoss liegen solle, ganz allgemein, ich müsse mich noch nicht für einen bestimmten Boden entscheiden. Ich sage, außer im Bad überall Parkett. Töhlke schaut mich zum ersten Mal etwas ungläubig an. »Aber nicht im Flur«, sagt er. Ich antworte, doch, natürlich auch im Flur. »Im Flur? Sind Sie sicher?« Ja, sage ich, natürlich sei ich mir sicher, was für einen Boden solle man denn sonst in den Flur legen? Jetzt schaut mich Töhlke an, als ob er noch nie in seinem Bauleiterleben eine ähnlich bescheuerte Frage gehört habe, es ist eine Mischung aus Mitleid und Verachtung, dann sagt er: »Na, Fliesen. Sie bringen doch den ganzen Dreck ins Haus. Geht doch auf Fliesen viel besser ab.« Den ganzen Dreck. Den man mit ins Haus bringt. Jetzt ist es ja tatsächlich so, dass meine Frau und ich das Glück haben, in Büroräumen zu arbeiten, in denen es nie so richtig dreckig ist. Die meisten Straßen in Berlin sind außerdem noch in einem Zustand, dass die Schuhe von Schlamm und Geröll verschont werden. Abgesehen davon gibt es die durchaus praktische Erfindung der sogenannten Fußmatte, die bei genauem Gebrauch dafür sorgt, dass so wenig Dreck wie möglich in ein Haus gelangt. »Ich glaube«, sage ich zu Töhlke, »dass wir bei Parkett bleiben wollen.«

Töhlke hat nicht aufgehört, mich anzuschauen, er mustert mich, so wie ein Arzt seinen Patienten mustert oder ein Kommissar einen Verdächtigen beim Verhör. Dann lehnt sich Töhlke zurück, wirft seinen Stift vorsichtig auf den Aktenordner und sagt: »Damit Sie meine Aufgabe genau verstehen: Ich versuche Ihnen zu helfen und Ihre Wünsche zu erfüllen. Wenn Sie im Flur Parkett haben wollen, dann kriegen Sie auch Parkett. Ich bin aber auch dazu da, Sie zu beraten, Sie vor Fehlern zu bewahren, Sie sozusagen in die richtige Richtung zu schubsen. Denn wissen Sie«, jetzt lehnt er sich wieder nach vorne, Unterarme auf dem Tisch, »Sie sind ja nicht der Erste, den ich in ein Haus bringe. Ich habe das schon ein paarmal gemacht. Ich habe da, sagen wir, gewisse Erfahrungswerte.«

Ich bin ein bisschen beeindruckt. Aber nicht so sehr, dass er mich von Fliesen überzeugt hätte. Allerdings hat er seine Position klargemacht, deshalb sage ich: »Herr Töhlke, ich weiß Ihre Fürsorge und Ihren Rat zu schätzen, aber weder meine Frau noch ich mögen Fliesen. Im Bad sind sie vielleicht unverzichtbar, aus Gründen, die auf der Hand liegen. Im Flur sehe ich allerdings nicht, warum Fliesen Parkett vorzuziehen sind. Wir arbeiten nicht unter Tage oder im Schweinestall. Wenn es regnet, laufen weder ich noch meine Frau nach draußen, um von Pfütze zu Pfütze zu springen und danach sofort wieder ins Haus zurückzulaufen und den Flur abzugehen. Ich denke, wir brauchen dort keine Fliesen, weil Fliesen mit unserem Leben nicht vereinbar sind.«

»Gut«, sagt Töhlke, und es hört sich ein bisschen beleidigt an, »ist notiert. Kommen wir also zum ersten Obergeschoss.« Er schaut sich den Grundriss an, er schaut ein wenig genauer, er hält das Papier mal senkrecht, mal waagerecht, dann sagt er: »Da haben Sie sich ja einiges überlegt.« Er schaut weiter, sagt immer mal wieder »mhm, mhm« und schließlich: »Das haben Sie aber nicht mit unserem Architekten gemacht, oder?« Ich sage, nein, ich hätte das mit Hilfe befreundeter Architekten gemacht, sie hätten mich etwas unterstützt beim Erstellen des Grundrisses, aber ich würde die Frage jetzt nicht so ganz verstehen – ob das denn jetzt ein Problem sei? Töhlke sagt, dass sein Architekt eigentlich keine Schächte und Rohre einfach so verlegen würde, das koste schließlich auch Zeit während der Bauphase, es sei, und er benutzt genau dieses Wort, »unüblich«. Unüblich, aber natürlich machbar, genauso machbar sei es natürlich, dass alle Wände eine Flucht ergeben würden, nur: »Wissen Sie, Architekten denken sich dabei immer etwas, aber wenn Sie erst einmal in dem Haus leben, dann fällt es Ihnen gar nicht mehr auf. Aber«, jetzt versucht er ein Lächeln, das etwas müde wirkt, »wenn Sie das so wollen, dann machen wir das natürlich.«

Bauleiter und Architekten sind natürlich Feinde, das wird mir in diesem Moment klar. Ein Architekt denkt sich was aus – und ein Bauleiter muss dann das, was sich der Architekt ausdenkt, bauen. Bauleiter glauben, dass vieles, was sich Architekten ausdenken, unnötig ist. Architekten glauben, dass Bauleiter unnötige Dinge nicht von nötigen unterscheiden können. Dass in diesem Spannungsfeld überhaupt Häuser bis zum Ende gebaut werden können, grenzt an ein Wunder.

Ich bespreche mit ihm die Lage des Wohnzimmers, die Lage des Arbeitszimmers und die Lage des Essraumes genau in der Mitte. Töhlke sagt, irgendwann brauche er dann die Maße der Küche, wegen der Leitungen, das habe allerdings noch Zeit, ich müsse eh ja auch noch mit dem Elektriker über die Lichtschalter und die Steckdosen sprechen, dann fragt er mich: »Boden?« Und ich sage: »Parkett.«

»Aber nicht in der Küche«, sagt Töhlke.

»Aber sicher auch in der Küche«, sage ich.

»Nein. Fliesen«, sagt Töhlke.

Ich sage: »Mit Sicherheit keine Fliesen in der Küche«, und jetzt sehe ich, wie er zum ersten Mal ein bisschen sauer wird, fast ein wenig ungehalten. »Ich lege Ihnen in die Küche kein Parkett, und ich will Ihnen auch sagen, warum nicht. Das Parkett sackt ab, weil die Küche zu schwer für das Parkett ist. So einfach ist das. Tatsächlich darf ich Ihnen nicht einmal Parkett dahin legen, wo die Küche ist.« Ich versuche einen Scherz, um die Situation zu retten, und sage: »Sie könnten es versuchen«, aber bei diesem ersten Treffen lerne ich, dass man mit einem Bauleiter keine Scherze macht. Der Bau eines Hauses ist eine furchtbar humorlose Angelegenheit, eine Baustelle ist keine Witzebude, Töhlke ist kein Komiker. »Nein, das kann ich nicht versuchen, weil es nicht geht. Der Boden sackt mir ab, die Küche wird schief, da ist nichts zu machen.« Und ich denke, das war es dann. Das ist das Ende, der Versuch, ein Haus zu bauen, ist hiermit gescheitert. Wenn ich es nicht einmal schaffe, eine Küche zu haben, deren Boden aus Parkett besteht und nicht aus Fliesen, dann schaffe ich auch den Rest nicht, dann will ich den Rest auch gar nicht schaffen.

Fliesen. Fliesen sind der Belag der Neureichen, Menschen, die aus Versehen sehr viel Geld haben und aus Prinzip keinen Geschmack, legen sich Fliesen in ihr Heim – und zwar überallhin. Vielleicht, weil die Kälte der Fliesen die Kälte in ihrem Herzen und die Kälte in ihrem Gehirn widerspiegelt – oder vielleicht auch nur, weil sich offensichtlich die Bauleiter dieser Welt als verlängerter Arm einer Fliesenlobby sehen, sie sind die Handlanger des Terrakotta-Handels, die Lakaien der Fuge. Alles scheitert hier. Und jetzt. Denn ich will in keinem Haus leben, in dem Fliesen liegen, wo keine Fliesen liegen sollen. Dann sagt Töhlke: »Es sei denn, Sie wollen das Parkett verkleben lassen. Dann geht es natürlich.«

Ich bemühe mich, meine Erleichterung über diesen kleinen Lichtblick zu kaschieren, ich sage so beiläufig wie möglich: »Erklären Sie mir das noch mal ganz kurz? Das mit dem Verkleben?«

»Also, Sie haben ein Haus gekauft, in dem wir das Parkett schwimmend verlegen. Das ist günstiger und geht schnell und ist besser, wenn Sie in fünf oder zehn Jahren das Parkett rausreißen wollen, um ein neues zu verlegen. Fast alle Käufer entscheiden sich für diese Variante. Die andere Variante ist, dass wir das Parkett verkleben. Ist teurer und dauert länger, weil der Estrich, also der Belag unter dem Parkett, trocken sein muss, bevor man verlegen kann. Und mit trocken meine ich knochentrocken.« Töhlke will kein Parkett verkleben, das merkt man ihm an, er hasst es, Parkett zu verkleben, denn er sagt nicht, was die Vorteile von verklebtem Parkett sind, also frage ich: »Aber wenn wir das Parkett verkleben, können wir eine Küche daraufstellen und sie hält, oder?«

»Theoretisch ja.«

»Aha!«, sage ich, und es hört sich vielleicht ein wenig zu triumphierend an, deshalb stelle ich noch eine Frage, damit er wenigstens weiß, dass er immer noch für die Antworten zuständig ist und ich für die Fragen, ich frage also: »Und abgesehen davon – welche Vorteile hat das Verkleben des Parketts noch so?« Und ich merke, wie er sich windet, wie schwer ihm die Antwort fällt, denn er ahnt, dass ich mit dieser Antwort zufrieden sein werde, dass ich nach dieser Antwort sagen werde: Na, dann los!

Verkleben Sie das Parkett! Noch wägt er ab: Wie viel kann er mir sagen, wie viel kann er mir verschweigen? Schließlich seufzt er und sagt: »In der Regel ist das Gefühl, auf verklebtem Parkett zu gehen, besser. Es fühlt sich massiver an, weil es halt fest liegt, keinen Spielraum hat. Schwimmend verlegtes Parkett arbeitet, es bewegt sich, es wirkt ...« – »... ein bisschen billig?« – »Billig ist vielleicht der falsche Ausdruck. Sagen wir einfach, es erinnert dann ein wenig an Laminat.« Und jetzt weiß Töhlke, dass er geschlagen ist, in die Ecke gedrängt von einem Laien, einem Anfänger. Er schaut ein wenig müde, wie einer, der weiß, was ihn erwarten wird. »Na, dann ist ja alles klar«, sage ich, »dann verkleben wir im ganzen Haus das Parkett.« – »Dauert aber länger. Ist auch teurer«, seinen letzten, allerletzten Trumpf spielt er nicht mehr richtig aus, er sagt das nur noch aus Pflichtgefühl, ein bisschen auch aus Trotz, aber weil ich ihn wieder aufbauen will, weil ich ihn bestimmt noch brauchen werde, frage ich ihn, wie viel länger das dauert und um wie viel teurer das dann wird. »Schwer zu sagen, das hängt ja auch vom Wetter ab, also wie schnell der Estrich trocknen kann. Sechs Wochen, acht Wochen, so viel länger würde es schon brauchen. Und die Kosten ... Das kann ich Ihnen erst sagen, wenn wir alles berücksichtigt haben, all Ihre Sonderwünsche.« So wie er den letzten Teil des Satzes sagt, scheint er zu ahnen, dass das Wort Sonderwünsche in unserer Beziehung noch eine Rolle spielen wird.

Aber wir sind noch nicht fertig, wir müssen noch ins zweite Obergeschoss, wieder schaut sich Töhlke den Grundriss an, diesmal scheint er aber klarzusehen, er fragt: »Und das hier soll eine Abstellkammer sein, ja?« Ich sage ihm, dass wir die da auch deshalb haben wollen, weil wir das eine Zimmer zum Garten hin gerne teilen würden, für den Fall eines zweiten Kindes zum Beispiel. Dann brauche man diese Ecke ja eh für eine zweite Tür. Töhlke nickt, dann sagt er, dass wir oben ja keine Badewanne hätten, nur eine Dusche, weil wir halt Platz verlieren durch den Abstellraum. Ich nicke. Weise ihn aber darauf hin, dass die Dusche bitte bodentief sein solle, also ebenerdig, er könne sich das richtige Wort dafür aussuchen, er wisse ja sicherlich, was ich meine. Er schaut mich an, er versucht verständnisvoll zu gucken, was ihm nicht so richtig gelingt, dann sagt er: »Das können wir alles gerne genau so machen.« Pause. »Aber wenn Sie mich fragen, dann würde ich das lieber lassen.«

»Aha. Und warum?«

»Bodentief ist immer schlecht. Wegen des Kalks. Haben Sie dann immer auf den Fliesen, müssen Sie nach jedem Duschen wegmachen. Bodentief wird gerne genommen, vernünftig ist das aber nicht.« In diesem Moment weiß ich, dass wir Gegner sind, Töhlke und ich. Er will ein vernünftiges Haus – ich will ein schönes Haus, beides zusammen scheint nicht machbar. Ich sage: »Dann sind wir eben unvernünftig.« Seufzend macht Töhlke eine Notiz in den Grundriss, dann sagt er: »Ich nehme an, überall Parkett.« Ich nicke und sage: »Außer im Bad«, und lächle. Töhlke lächelt nicht. Töhlke macht sich weiter Notizen, dann sagt er, er würde mir jetzt gerne ein paar Sachen zeigen, als Inspiration, ich müsse aber nichts aussuchen, jetzt noch nicht, das könne ich auch noch später machen, am besten natürlich zusammen mit meiner Frau. Er führt mich in einen größeren Raum, in dem jede Menge Parkettmuster auf dem Boden liegen, daneben eine Auswahl Fliesen, die Fliesen sind in der Überzahl. An der Wand lehnen verschiedene Türen mit verschiedenen Drückergarnituren, auf einem Tisch sind Lichtschalter und dazu passende Steckdosen ausgelegt. »Diese Dinge«, sagt Töhlke und zeigt in den Raum, »sind im Kaufpreis mit drin – wenn Sie was anderes haben wollen, besorgen wir Ihnen das natürlich und berechnen Ihnen den Aufpreis.«

»Und wenn ich mir Dinge aussuche, die weniger kosten? Verringert sich dann der Kaufpreis?« Wahrscheinlich hält er mich jetzt, spätestens jetzt, für unverschämt, aber für mich ist das eine logische Frage. Für Töhlke nicht, er antwortet: »Den festgeschriebenen Kaufpreis müssen Sie bezahlen, auch dann, wenn Sie keine Türen wollen, keine Steckdosen und wenn Sie das Parkett selbst verlegen.« So, wie er das sagt, scheint er mir diese Vorgehensweise durchaus zuzutrauen. »Wir machen immer eine Plus-Minus-Rechnung«, sagt er und zeigt mir eine Tabelle, »rechts die Mehrkosten, links die Minderkosten. Ziel ist es natürlich, die Differenz bei null zu halten.« – »Natürlich«, sage ich und denke: Vollkommen egal, ob die Differenz bei null ist. Jetzt ist es zu spät für Kompromisse, viel zu spät.

Tatsächlich ist es aber so, dass mich das Angebot überfordert, beim Parkett sehe ich kaum Unterschiede, die Fliesen finde ich alle hässlich. Die Türen scheinen in Ordnung, die Türgriffe mag ich nicht. Über Lichtschalter und Steckdosen habe ich mir in meinem ganzen Leben noch keine Gedanken gemacht, offensichtlich wird es Zeit, jetzt damit anzufangen.

»Und hier hätten wir dann Beispiele für Bäder«, sagt Töhlke und führt mich in einen Raum, in dem eine Badewanne, ein Waschtisch und eine Dusche stehen. Nicht schlecht, aber auch nicht richtig gut, Töhlke sagt: »Wie gesagt, es sind Beispiele.« In einem kleinen fensterlosen Raum befindet sich ein Gästebad, Toilette, Waschbecken, mehr nicht, Töhlke zeigt auf die Toilette und sagt: »So was geht auch«, und ich bin mir nicht sicher, was er meint. Er hebt den Deckel der Toilette und lässt ihn nach unten fallen, aber etwas scheint den Sturz zu bremsen, sachte wie eine Feder nähert sich der Deckel der Toilette, bis er schließlich sanft zuklappt. »Kostet allerdings auch dementsprechend«, sagt Töhlke und wiederholt das Experiment, ich sage ihm, dass das für uns eher nicht in Frage kommt, ein Klodeckel, der in Zeitlupe nach unten klappt.

Aber wir haben noch etwas vor, Töhlke will mir in einem Townhouse-Rohbau auf dem ersten Bauabschnitt noch etwas zeigen, also folge ich ihm über den Hof und denke, dass es hier dann doch schön ist, dass es die richtige Wahl gewesen ist – und dass es abgesehen davon jetzt eh viel zu spät ist. Im Rohbau angekommen, zeigt er mir ein Erdgeschoss, das ähnlich aufgeteilt ist wie auf unserem Grundriss, nur dass die Oberlichter nicht zum Flur weisen, sondern zum Treppenaufgang. »Wenn Ihre Frau dann die Treppe runterkommt, sieht sie, ob Sie am Schreibtisch sitzen oder nicht.« Ich sage Töhlke, dass wir es so lassen, wie es im Grundriss eingezeichnet ist.

»Können wir denn jetzt auf meine Baustelle gehen?«, frage ich ihn, als wir den Rohbau verlassen. Er schaut mich etwas irritiert an. »Es gibt Ihre Baustelle noch nicht. Wir fangen nächste Woche mit der Ausschachtung der Tiefgarage an, dann kommen die Fundamente. Da steht im Moment noch nix.« Ich weise ihn darauf hin, dass wir September haben und wir eigentlich im Mai einziehen wollten. »Ja, schon, aber Sie haben sich ja jetzt dafür entschieden, das Parkett verkleben zu lassen. Ich sagte ja, dass das dann bis zu acht Wochen länger dauert.« – »Aber das hat doch nichts mit dem Rohbau zu tun.« Jetzt wirkt er leicht genervt, wahrscheinlich hat er keine Lust mehr, sich noch länger mit einem Amateur zu unterhalten, deshalb schaut er mich nur an und sagt sehr knapp: »Wir liegen im Zeitplan.« Ich erspare es mir, ihn zu fragen, ob ich diesen Zeitplan mal sehen dürfte.

Wir verabschieden uns am Tor von Bauabschnitt eins, er sagt, es würde ihn sehr freuen, wenn wir so in drei, vier Wochen einen neuen Termin machen könnten, dann am besten mit meiner Frau, dann würden wir auch in die Details gehen. Das sagt er so. In die Details. Details für ein Haus, das die noch nicht mal annähernd angefangen haben hinzustellen. Ich nicke und gebe ihm die Hand, auf dem Weg zum Auto stelle ich fest, dass ich sauer bin.

***

»Ich bin sauer«, sage ich am Abend zu Johannes. »Hauskauf ist ein Kompromiss, Hauskauf ist das Bohren von Brettern, von denen man nicht weiß, wie sie eigentlich aussehen sollen. Denn das Haus ist das eine, ein Haus ist Beton und Stein und Böden und Decken und Wände, und wenn man sich irgendwann darauf geeinigt hat, wo die Böden und Decken und Wände stehen sollen, beginnt die Katastrophe erst richtig.«

Ich habe Johannes von meinem Treffen mit dem Bauleiter erzählt, an manchen Stellen hat Johannes gelacht, an anderen Stellen hat er den Kopf geschüttelt, aber das Einzige, was er dazu gesagt hat, war: »Und jetzt?« Jetzt war es zu spät, jetzt rede ich mich in Rage: »Weißt du, es ist doch so, am besten, man baut jedes Jahr ein Haus, denn wenn man jedes Jahr ein Haus bauen würde, dann hätte das diesjährige Haus entweder einen Sichtbetonboden oder schwarze Dielen. Es wäre dann das 2009er-Haus. Das Problem ist aber, dass man ja nicht jedes Jahr ein neues Haus bauen kann, deshalb muss man leider etwas langfristiger planen und sollte nicht jede Mode mitmachen, deshalb haben wir uns im Prinzip für Parkett entschieden.« Ich bin mir nicht sicher, ob Johannes meine Ausführungen interessant oder absurd findet, aber er hört zu, er kann nicht weg, sein Glas ist noch voll. »Eiche«, sage ich im Brustton der Überzeugung, »Eiche geht immer. Jetzt wirst du natürlich fragen: Aber welche Farbe, welche Beschichtung? Und wie verlegen? Erträgt man ein Fischgrätmuster länger als sechs Jahre? Gute Fragen, richtige Fragen, allerdings noch keine zwingenden Fragen, denn die Wahl des Bodens kann man vertagen, vielleicht sollte man sich vorher Gedanken über die Küche machen, dazu muss man sich natürlich einen Tischler suchen, denn alle Küchenhersteller sind stilistische, räuberische Verbrecher. Und wenn man schon mal einen guten Tischler gefunden hat, den wir allerdings noch nicht haben, denn ich wüsste gar nicht, wo man einen guten Tischler suchen muss, dann kann der auch noch gleich das Bücherregal und den Kleiderschrank mitbauen. Das Geld, das man dafür ausgibt, fehlt dann allerdings bei den Türklinken, denn bei der Wahl der Türklinken kann man alles falsch und fast nichts richtig machen, und man wird wahnsinnig, wenn man sich nur mal vorstellt, wie oft man eine Türklinke anfassen wird – eine Jasper-Morrison-Türklinke von FSB will man nicht mehr loslassen, was Sinn macht, denn eine kostest fünfzig Euro. Zu teuer? Ach was! Denn wer einmal eine Grenze überschritten hat, dem ist alles egal. Hauskauf bedeutet nämlich auch, dass man sich über Jahrzehnte verschuldet, aber wenn man das einmal akzeptiert, brechen alle Dämme, und außerdem soll das Ding ja für die Ewigkeit sein, mindestens aber will man in diesem Haus sterben, deshalb sollte man bereits bei der Planung darauf achten, dass die Treppen breit genug sind für den Einbau von »Lifta«, dem Treppenlift. Und deshalb ist es auch nicht angebracht, bei der Sanitäreinrichtung zu sparen, denn Bäder sind die neuen Wohnzimmer – oder sind Bäder die neuen Küchen?

Johannes hat uns noch zwei Bier bestellt, offensichtlich findet er es also doch ganz interessant. Oder aber er will nur schneller betrunken werden, weil er meine Ausführungen nüchtern nicht mehr so richtig erträgt, schließlich fragt er mich dann aber doch, ob ich mich nicht gerade etwas in den Details verliere, schließlich sei doch noch nicht mal mit dem Rohbau angefangen worden. Man müsse sich ja auch nicht frühzeitig verrückt machen lassen.

Entgeistert schaue ich ihn an und greife nach meinem neuen Bier. Er habe wohl nicht verstanden, worum es hier eigentlich geht, denn natürlich bedeute ein Haus zu bauen genau das: sich in Details zu verlieren. Alles andere wäre zu einfach, außerdem sei das Verlieren in den Details die Existenzberechtigung für den wichtigsten Mann des Hausbauens, und der wichtigste Mann des Hausbauens sei natürlich nicht der Architekt, der verhindere den Hausbau eher. Es sei natürlich auch nicht der Bauträger, denn der wolle nur Geld und am liebsten für dieses Geld gar nichts bauen, denn dann werde sein Geld ja weniger. Und der wichtigste Mann des Hausbauens sei natürlich auch nicht der Bauherr, also ich, denn der Bauherr störe nur. »Der wichtigste Mann des Hausbauens«, sage ich zu Johannes, indem ich mich zu ihm beuge, so als ob ich ihm jetzt das Geheimnis allen Lebens verrate, »der wichtigste Mann ist der Bauleiter. Bauleiter sind in der Regel kompetente, praktische Männer, die nichts aus der Ruhe bringen kann. Außer natürlich, wenn man ihnen sagt, dass man auch in der Küche gerne Parkett hätte – Bauleiter würden Häuser am liebsten durchfliesen. Ein guter Bauleiter brilliert und verblüfft mit folgender Aussage: ›Das können wir alles gerne genau so machen.‹ Pause. ›Aber wenn Sie mich fragen, dann würde ich das lieber lassen.‹ Wenn es nach Bauleitern ginge, dann würden wir in einer Welt ohne bodentiefe Duschen leben.«

»Vielleicht keine so schlechte Welt«, sagt Johannes, kippt den letzten Rest von seinem Bier runter und klopft mir auf die Schulter. »Du zahlst«, sagt er noch, dann verschwindet er.

***

Wochen vergehen, Wochen, die mir wie Monate vorkommen seit dem ersten Treffen mit dem Bauleiter. Meine samstäglichen Besuche auf der Baustelle beschleunigen überraschenderweise den Bau nicht, nach Auskunft von Herrn Läufer soll es aber in zwei bis drei Wochen losgehen, dann sei Bauabschnitt 2 komplett fertig und die Rohbauarbeiten an den Apartmenthäusern, zwischen denen die drei Reihenhäuser stehen werden, von denen eines unseres ist, so weit fortgeschritten, dass man beginnen könne. Ziel sei es, dass der Rohbau der Häuser stehe, bevor der Winter kommt. Mittlerweile ist es Oktober, und mein Arbeitszimmer in der Kastanienallee gleicht einem Ausstellungsraum. Und zwar für Küchen, Bäder, Fliesen, Parkett, Elektrik, Tür-

griffe. Wir waren in den vergangenen Wochen in jedem Einrich-
tungshaus in Berlin, ich kenne mittlerweile jede einschlägige
Internetseite, die sich mit Inneneinrichtung beschäftigt, ich
weiß, dass es eine Lobby der Lichtindustrie gibt, die regelmäßig
den Newsletter »Lichtwissen« herausbringt. Wenn man den
Newsletter zum Thema »Licht im Wohnraum« aufmerksam
liest, muss man zu dem Schluss kommen, dass in jeden Raum
mindestens fünf Lichtquellen müssen – sind es weniger, wird
das Leben sinnlos.

In einer Niederlassung eines bekannten, sehr hochpreisigen
deutschen Küchenherstellers haben meine Frau und ich mittlerweile Hausverbot, und das kam so: An einem Samstag fuhren wir verschiedene Einrichtungshäuser ab, wir hatten einen
engen Zeitplan, das Thema waren Bäder und Küchen, da wir
über Fliesen und Böden zuletzt entscheiden wollten. Wir be-
traten die Filiale des Küchenherstellers, die sehr groß und sehr
weiß und zu unserem Erstaunen gänzlich ohne Küche war. Ich
sagte zu meiner Frau: »Komisch, oder? Die haben hier gar keine
Küchen.« Wir schauten uns ein wenig um, bis meine Frau an einem weißen Sideboard stehen blieb. »Ich glaube, das hier ist eine
Küche.« Ich näherte mich vorsichtig dem weißen Sideboard, aus
dessen Mitte etwas Metallisches ragte – mit viel Phantasie konnte man es für einen Wasserhahn halten. Das Sideboard schien
Türen zu haben und Klappen zum Öffnen, aber nirgendwo war
ersichtlich, wie sich die Türen und Klappen öffnen ließen. Auf
der gegenüberliegenden Seite des Raumes sahen wir einen sehr
flachen, dafür aber sehr hohen und breiten Schrank aus dunk-
lem braunem Holz. Ich ging zu diesem Schrank und betrachtete
ihn genau, aber auch dieser Schrank ließ sich nicht öffnen. Ich
schaute zu meiner Frau und zuckte mit den Schultern, dann
entdeckte ich am Ende des Raumes einen weißen Vorhang, dahinter hörte ich Geschirrgeklapper. Ich ging in Richtung Vorhang und sagte vorsichtig: »Entschuldigung?« Plötzlich öffnete

sich der Vorhang, und heraus kam ein Oberstufen-Loser. Enge Jeans, Sneakers, Holzfällerhemd, dämliche Frisur, Fusseln, die wohl ein Bart sein sollten, Deppenbrille. Mit einem unglaublich schlechten englischen Akzent, den sich Deutsche angewöhnen, die in den 90er Jahren zu viele Blur- und Oasis-Platten gehört haben, sagte der Typ: »May I help you?«

»Wahrscheinlich nicht«, sagte ich, »wir suchen eigentlich eine Küche.« Angewidert, so als ob ich ihm gesagt hätte, wir seien auf der Suche nach Schweineblut, weil wir darin erst baden wollten und es dann trinken, fragte er: »Äh, und wofür braucht ihr eine Küche?«

Ich antwortete ihm, dass ich am liebsten eine hätte, in der ich mein Auto abstellen könne, aber anscheinend hätten sie hier ja nur eine, wo man seine Kleider drin aufhängen könne, und eine, wo man den Fernseher daraufstelle, aber vielleicht könnte er uns die trotzdem mal zeigen. Hinter dem Vorhang hörte ich eine Frauenstimme, die sagte: »Baby, was ist denn los? Kommst du?« Und meine Frau sagte: »Wenn es gerade schlecht ist, können wir auch ein andermal wiederkommen.« Der Typ murmelte irgendwas, was wohl bedeuten sollte, dass es jetzt auch egal wäre und wir bleiben könnten, und ging zu dem Sideboard. Ohne weitere Erklärungen sagte er, dass diese Küche, er sagte wirklich: Küche, 20 000 Euro koste. Ohne Elektrogeräte. Er sagte das natürlich zuerst, und er sagte es in diesem Ton, den man ja eigentlich nur von Verkäufern aus schlechten Komödien hört, wenn angedeutet werden soll, dass sich der Kunde das, was er wünscht, eh nicht leisten kann. Er schaute uns an mit dieser Mischung aus Dummheit und Arroganz, deshalb fragte ich ihn, was die Küche ohne ihn kosten würde, weil wir ihn dann doch eher nicht brauchten. »Wisst ihr was?«, sagte er da. »Ich glaube, wir haben gar keine Küchen. Jedenfalls nicht für euch. Bitte verlasst den Laden.« Und ich wollte eigentlich noch sagen, dass Laden ein großes Wort für eine kleine Sache sei, aber da hatte meine Frau mich schon nach draußen geschoben. »Tischler?«, fragte ich sie, als wir auf der Straße standen. Sie nickte.

Als ich zwei Tage später beim Mittagessen davon erzählte und gleichzeitig darüber klagte, dass ich überhaupt keine Ahnung hätte, wo man einen guten Tischler herbekommen solle, sagte ein Kollege, dass er einen kenne. Der habe erst vor kurzem einen Kleiderschrank für ihn gebaut. Der sei super, der Kleiderschrank und auch der Tischler, und Küchen, das wusste mein Kollege zufällig, könne der auch, denn der Tischler habe sich selber erst eine Küche gebaut. Er gab mir seine Nummer und seinen Namen. Bachleitner. Einer, der so heißt, muss ein guter Tischler sein. Ich rief Bachleitner noch am selben Tag an, und drei Tage später standen meine Frau und ich in seiner Tischlerei.

Bachleitner, Arndt, Tischler. Mitinhaber einer Tischlerei, Vater von zwei Kindern, Vollprofi, kann alles mit Holz, kann alles aus Holz, wussten wir in dem Moment, in dem er uns die Hand gab und uns die Tischlerei zeigte, viel Holz, Werkstattatmosphäre, mag man ja irgendwie sofort. Wir erzählten ihm von dem Haus, von den Möbeln, die wir schon hatten, vom Parkett, das wir noch nicht hatten, aber dass in der Küche in jedem Fall Parkett liegen würde, weil wir es klebend verlegen lassen und nicht schwimmend. Worauf Arndt sofort sagte, dass alles andere auch ganz großer Quatsch wäre, woraufhin ich eine kleine Gedächtnisnotiz für Herrn Töhlke anfertigte. Arndt schrieb mit, als wir ihm davon erzählten, wie wir im Moment lebten, wie wir leben wollten und wie wir uns eine Küche vorstellten. Eigentlich hatten wir uns bis dahin die Küche überhaupt nicht vorgestellt, wir wussten nur, dass wir keine Hochschränke haben wollten, nichts, woran man sich den Kopf stößt, wenn man abwäscht oder kocht. Wir wussten auch, immerhin, dass wir zwei Seiten für diese Küche hätten, links und rechts, vielleicht auch eine L-förmige, aber Arndt sagte, kein L, ein L mache alles kaputt. Er würde was zeichnen, sagte er uns, er würde was zeichnen und uns dann schicken, und er fragte noch, wie schnell das gehen müsse mit der Küche, und wir antworteten, dass wir das nicht so genau wüssten. Er sagte dann noch, er müsse dann aber irgendwann Maß nehmen im Rohbau, auf Grundrisszeichnungen würde er sich ungern verlassen, und ich sagte ihm dann, dass es noch keinen Rohbau gebe, dass die aber wohl bald anfingen. Vor dem Winter. »Ach so«, sagte Arndt da. Wir verabschiedeten uns mit dem Gefühl, dass eine Sache jetzt vorangehen würde, wenigstens eine.

**

Der Besuch bei Arndt in der Tischlerei war vor einer Woche, und von der Euphorie, die der Besuch in uns ausgelöst hatte, ist nichts mehr übrig, denn wir stehen in einer Bäderausstellung. Bis dahin hatte ich keine Ahnung, wie viele Bäder es gibt, wie viele Formen von Wannen, wie viele Duschköpfe, wie viele Möglichkeiten, sich das Leben unnötig schwerzumachen. Es gab mal eine Zeit, sie ist noch gar nicht so lange her, da hatte man, wenn man ein Bad kaufen wollte, zwei Möglichkeiten: weiße oder blaue Fliesen. Jetzt kann man sich überlegen, ob man sich, während man auf der Toilette sitzt, auch gleich den Hintern abbrausen möchte, ich sage zu meiner Frau: »Die Bäder von heute sind für Pornodarsteller gebaut.«

Wir haben eine Liste dabei. Auf der Liste stehen die Produkte, die der Bauträger anbietet. Wir suchen in der Bäderausstellung nach diesen Produkten, manche finden wir, manche finden wir nicht, die Produkte, die uns gefallen, stehen nicht auf der Liste, aber sie sind teilweise günstiger, weil sie nicht von einem französischen Stardesigner erdacht wurden. Es bleibt wohl für immer ein Rätsel, vielleicht wird es auch irgendwann gelöst, und wenn das passiert, dann wird nie wieder jemand auf die Idee kommen, Menschen, die ein schönes Haus bauen wollen, Zeugs des französischen Designers Philippe Starck anzubieten. Bis es so weit ist, gilt es, die Entwürfe dieses Mannes zu umschiffen. Leicht ist das nicht, und eigentlich müsste es bereits Selbsthilfegruppen geben, in denen sich Menschen treffen, die Opfer wurden von den Designvorschlägen dieses Mannes. Recherchen, die wir nach unserem Besuch in der Bäderausstellung durchführen, ergeben, dass fast jedem, der in Berlin ein Haus oder eine Wohnung kaufen will, natürlich vom Verkäufer allerhand vom Pferd erzählt wird: Da ist dann von Wertsteigerungen die Rede, vom pulsierenden und doch sehr ruhigen Umfeld der Immobilie – und zwar egal, wo sie steht. Es ist die Rede von erstklassiger Verarbeitung von Könnern ihres Faches, und im Prinzip könne man nächste Woche einziehen, auch wenn der Grundstein noch nicht gelegt sei. Das sind alles Lügen, aber diese Lügen kommen der Wahrheit zumindest näher als der folgende Satz: »Und für die Einrichtung der Bäder haben wir uns für die Komponenten des Spitzendesigners Philippe Starck entschieden – denn wir wissen, dass unsere Käufer diese qualitativ hochwertigen Objekte zu schätzen wissen.«

Nix wissen die zu schätzen, ich glaube sogar, dass sich viel mehr Menschen ein Haus oder eine Wohnung kaufen würden, wenn die einem zu dem Haus oder zu der Wohnung nicht auch noch Philippe-Starck-Klos, Philippe-Starck-Waschbecken und Philippe-Starck-Duschbrausen andrehen würden. Häuser oder Wohnungen werden nämlich schlagartig billiger, wenn man den überteuerten Quatsch weglässt. Aber geht das überhaupt?

Starck hat sich, einem Blutegel gleich, an große Firmen angesaugt: an Duravit, an Hansgrohe, an Alessi – und obwohl diese Firmen auch durchaus mit ehrbaren Menschen zusammenarbeiten, greifen Menschen, die Häuser verkaufen wollen, zu den Philippe-Starck-Produkten, vielleicht, weil es der einzige Designer ist, den sie kennen, so wie ja auch Herr Boss der einzige Modedesigner ist, den sie kennen. Obwohl es beispielsweise bei einem Waschbecken keine Rolle spielen sollte, ob man den Namen des Menschen, der es entworfen hat, kennt oder nicht – bei einem Waschbecken sollten andere Dinge eine Rolle spielen, zum Beispiel, dass das Wasser nicht rausspritzt. Solche Dinge scheinen Philippe Starck egal zu sein, nach dem Prinzip von Pippi Langstrumpf macht er sich die Welt, widdewidde wie sie ihm gefällt.

Mir gefällt das nicht. Mir gefallen Sachen, die funktionieren. Und die gut aussehen. Meiner Frau auch, aber leider liegt, als wir aus der Bäderausstellung zurückkommen, der neue Manufactum-Katalog im Briefkasten, auf dem wie immer auf der Titelseite steht: »Es gibt sie noch, die schönen Dinge.« Nur wo?

Wir blättern gemeinsam durch den Katalog, müssen allerdings schnell feststellen, dass wir nicht leben wollen wie ein Oberstudienrat, der seit zwanzig Jahren die »Grünen« wählt, mit einem Hollandrad auf den Markt fährt und jedem, der es nicht wissen will, erzählt, dass er ja quasi gar kein Fernsehen mehr schaue, allerhöchstens noch dann, wenn mal »was Gutes« auf dem Theaterkanal käme. Doch dann schlägt meine Frau die Seite mit den Lichtschaltern auf, tatsächlich gibt es im Manufactum-Katalog eine ganze Seite mit Lichtschaltern, meine Frau starrt auf diese Seite, dann zeigt sie mit dem Finger drauf und sagt: »Da!« Da ist eine Abbildung eines sogenannten Bakelit-Schalters, den man drehen muss. Nicht schlecht, aber auch nicht richtig gut, irre ist nur der Preis, dafür könnte man auch ein gebrauchtes Hollandrad kaufen. »Das ist endlich mal ein schöner Lichtschalter«, sagt meine Frau. Ich protestiere. Ich sage ihr, dass exakt dieser Lichtschalter im Geräteschuppen meiner Großeltern angebracht sei, und dass ich aus Erfahrung wüsste, dass man den zehnmal umdrehen muss, damit das Licht angeht. Meine Frau fragt daraufhin, ob ich eine Vorstellung davon hätte, wie oft man im Leben einen Lichtschalter anfasse (Antwort: unvorstellbar oft), ob ich ahnen könne, wie grauenhaft es sei, wenn ein Lichtschalter, den man unvorstellbar oft in seinem Leben anfasse, aus Plastik sei (Antwort: nein), und ob ich nicht bereits heimlich, ohne es ihr zu sagen, für sehr viel Geld diese Jasper-Morrison-Türklinken bestellt hätte (Antwort: bestellt ist ein großes Wort)? Und plötzlich streiten wir uns. Wir streiten uns um Lichtschalter und Steckdosen. Wir haben noch keine Küche, kein Bad, kein Parkett. Der Rohbau steht noch nicht einmal, und wir streiten darüber, wie wir den Rest unseres Lebens das Licht einschalten wollen.

***

Es ist Samstag, ich fahre zur Baustelle, seit drei Wochen war ich nicht mehr dort, und als ich ankomme, staune ich nicht schlecht: Von der Straße aus erkenne ich, dass das Erdgeschoss unseres Hauses steht, ich erkenne deutlich die Wände, das Loch für die Tür, das Loch für das Fenster. Ich zwänge mich durch eine Lücke im Bauzaun und nähere mich dem Haus, meinem Haus, ein Haus zwar noch als Wille und Vorstellung, aber immerhin. Man kann ahnen, was es wird. Bauarbeiter kommen mir entgegen, meine Anwesenheit scheint ihnen nichts auszumachen, sie grüßen zwar nicht, sie schicken mich aber auch nicht weg, sie scheinen mich schlichtweg zu ignorieren, ich bin ihnen egal. Dann stehe ich vor dem Haus, vor meinem Haus, das ein bisschen so aussieht, als sei es schon mal ein Haus gewesen und werde jetzt wieder in seine Einzelteile zerlegt. Tatsächlich kann man in diesem Zustand nicht sagen, ob es gerade aufgebaut wird oder abgerissen, und ich denke, bevor ein Haus fertig ist, richtig fertig, ist alles möglich, denn ein Haus scheint nicht zu wachsen, es entsteht. Oder es vergeht, diese beiden Möglichkeiten hat ein Haus, und ich bin derjenige, der sich darum kümmern muss.

Ich berühre die Wand, eine Mauer aus Klinkersteinen, ich streichle fast ein wenig den kalten Stein, ja, ich bin liebevoll, denke ich in dem Moment, das Haus soll wissen, dass ich da bin.

»Gehen Sie ruhig rein.« Ich drehe mich um, vor mir steht Töhlke, ich habe ihn nicht kommen hören, er scheint aus dem Nichts aufgetaucht zu sein und grinst mich jetzt an, er trägt einen praktischen Parka, seine Hände stecken in den Taschen, es ist Ende Oktober, vielleicht friert er.

Wir geben uns die Hand, dann sagt er: »Na los, kommen Sie«, und ich folge ihm durch das Loch, das mal die Tür sein wird. Ich wundere mich kurz darüber, dass ich keinen Helm tragen muss, eigentlich bin ich davon ausgegangen, dass auf so einer Baustelle Helmpflicht herrscht, aber Töhlke trägt auch keinen Helm und keiner der Bauarbeiter hat einen Helm getragen, vielleicht ist es auf Baustellen doch nicht so gefährlich, wie einem die Schilder an den Bauzäunen immer weismachen wollen.

»Ich hab Ihnen doch versprochen, dass der Rohbau bis zum Winter steht«, sagt Töhlke und schaut dabei wie ein zufriedener Mann, einer, der stolz darauf ist, dass er sein Wort halten kann. Es gibt noch keine Zwischendecke, und mitten in dem, was mal mein Arbeitszimmer werden soll, liegt etwas, das wie eine Treppe aussieht, die Mauern sind etwas höher als ich, auf dem Boden, dem Fundament, liegen Kippen, Müll und Schutt, aus der sicheren Entfernung der Straße hat mir die ganze Sache besser gefallen. »Es ist Ende Oktober«, sage ich zu Töhlke, »was heißt bei Ihnen: bis zum Winter?«

»Jetzt geht alles ganz schnell, in drei, vier Wochen steht der Rohbau, dann lassen wir es im Winter kräftig durchfrieren und beginnen, wenn es wärmer wird, mit dem Innenausbau.« Kräftig durchfrieren lassen. Es ist schon seltsam, aber beim Bau eines Hauses scheint sich die Vorgehensweise auch nach Jahrhunderten nicht verändert zu haben, man baut ein Haus heute im Prinzip noch so, wie man es vor zweihundert Jahren gebaut hat – während man in Berichten über die Arbeit am Band von

Autoherstellern immer sieht, wie klinisch es da zugeht, dass die Arbeiter dort alles in weißem Hemd und grauer Hose montieren und nichts mehr an die historischen Fotos aus den amerikanischen Fordwerken erinnert, wo zum ersten Mal ein Auto am Band hergestellt wurde. Auf diesen Fotos schwitzen die Arbeiter, sie sind ölverschmiert, sie rackern und schuften. Beim Bau eines Hauses scheint es nichts zu geben, was die Sache beschleunigt oder die Arbeiter entlasten könnte. Stein auf Stein, mit bloßer Manneskraft, eine archaische Geschichte.

»Und wann können wir umziehen?«, frage ich Töhlke. Er wägt die Antwort ab, er scheint im Kopf etwas durchzurechnen, dann sagt er: »Juli, August, hängt auch vom Winter ab.« Selbst die Jahreszeiten können dem Hausbau etwas anhaben, die Natur als Feind, der Bau eines Hauses ist keine exakte Wissenschaft, im Prinzip also nicht planbar, das Unvorhergesehene muss mit einkalkuliert werden – langsam verstehe ich alles, langsam fühle ich mich wie jemand, der das erste Haus der Menschheitsgeschichte baut, weil vielleicht tatsächlich jedes Haus das erste ist, und wenn es fertig ist, ist es ein kleines Wunder, vollbracht von Menschenhand.

Wir gehen über eine provisorische Holztreppe, die an der Stelle angebracht ist, an der einmal die richtige Treppe stehen wird, in das erste Obergeschoss, es scheint mir wüst und leer, so als ob hier mal Menschen gelebt hätten, vor langer Zeit, doch dann ist etwas Schreckliches passiert, etwas, was Leben unmöglich machte. Für einen kurzen Moment fehlt mir die Vorstellungskraft, dass hier mein Haus entsteht. Für einen kurzen Moment denke ich, dass mein Haus gerade zerstört wird.

Wir gehen weiter, hoch ins zweite Obergeschoss, ich sehe eine Mauer, sie wirkt falsch, sie gehört da irgendwie nicht hin.

»Haben Sie zufällig den Grundriss dabei?«, frage ich Töhlke, und er blättert in dem Ordner, den er unter dem Arm mit sich trägt.

»Stimmt denn was nicht?«, fragt Töhlke und starrt auf den Grundriss. Ich zeige auf die Mauer, oder besser auf das, was wohl mal eine richtige Mauer werden soll, und sage ihm, dass ich nicht wüsste, was das sei. Er schaut auf den Grundriss und sagt: »Ihre Abstellkammer?« Es ist keine Feststellung, es ist eine Frage – warum fragt er mich das? Kennt er die Antwort nicht? Ich kenne die Antwort, ich sage ihm, dass wir uns doch gegen die Abstellkammer entschieden hätten, meine Frau habe ihm doch gesagt, keine Abstellkammer. Er habe sich doch sogar Notizen gemacht, aus denen hervorgehen müsste, dass eine Abstellkammer für uns nicht in Frage kommt.

Töhlke schaut mich an, dann schaut er wieder auf den Grundriss. »Also keine Abstellkammer im zweiten Obergeschoss?« Ich bitte ihn, mir den Grundriss zu geben, und er reicht mir den Ordner. Ich schaue mir den Grundriss an, schaue Töhlke an, dann wieder den Grundriss. Plötzlich schwankt das Haus, vielleicht schwanke aber auch ich, jedenfalls wird mir kurz ein wenig schwarz vor Augen, denn die Dinge scheinen sich auf einmal zu drehen. Für einen kurzen Moment habe ich das Gefühl, als verlöre ich den Betonboden unter den Füßen, denn das, was ich mir da anschaue, ist der alte Grundriss, der falsche. Ich frage Töhlke, ob das ein beliebter Bauleiter-Gag sei: den Bauherrn mal kurz zu verwirren, indem man so tue, als würde man mit dem alten, dem falschen Grundriss bauen, aber Töhlke versteht nicht, was ich meine. Ich greife in meine Innentasche und ziehe meinen Grundriss heraus, den ich immer bei mir habe, wie ein Foto meiner Tochter.

»Das hier«, sage ich und wedele mit meinem Grundriss vor Töhlkes Gesicht herum, »das ist der richtige Grundriss. Der finale Grundriss. Mit ohne Abstellkammer. Mit den richtigen Maßen. Mit unserem Segen.«

»Zeigen Sie mal her«, sagt Töhlke. Ich gebe ihm die Blätter, er schaut, vergleicht, schüttelt den Kopf, dann sagt er: »Da haben wir wohl einen Fehler gemacht.«

Ich schaue ihn ungehalten an und sage: »Was heißt hier: wir?«

Er bittet darum, sich meinen Grundriss kopieren zu dürfen, denn das sei ja jetzt blöd, allerdings sei es noch nicht zu spät. Wir gehen in sein kleines Büro im Apartmenthaus, er kopiert meinen Grundriss und wirft seinen in den Müll. Dabei schüttelt er den Kopf und murmelt leise vor sich hin, dass er das alles nicht verstehe.

Ich frage Töhlke, wie es jetzt weitergeht, wie unser Zeitplan aussieht. »Wenn der Rohbau steht – und wenn alle Kleinigkeiten beseitigt sind, machen wir einen Bemusterungstermin. Dann müssen Sie mit dem Elektriker sprechen, dann beginnen wir mit dem Innenausbau. Danach die Abnahme, dann der Umzug.« Ich lächle, ein überschaubarer Zeitraum, planbar, vorhersehbar. Kleinigkeiten. Beseitigen. Ich habe gute Laune. Und keine Ahnung.

DACHSCHADEN

Meine samstäglichen Fahrten zur Baustelle sind mir mittlerweile zu einer lieben Routine geworden, vor allem seit vor kurzem ein neuer Supermarkt in dem Viertel eröffnet hat. Er ist hell und freundlich und hat eine Tiefgarage, und er ist auch an einem Samstagvormittag leer und übersichtlich – jedenfalls im Vergleich zu dem Supermarkt in der Nähe unserer Wohnung. Auch wenn meine Frau es etwas befremdlich findet, dass ich darauf bestehe, dort einzukaufen, weil man sich dann schon mal dran gewöhnt, schreibt sie mir jeden Samstagmorgen einen Einkaufszettel. Im Prinzip hat sie mir eigentlich nur einmal einen Einkaufszettel geschrieben, danach nie wieder, denn die Hälfte von dem, was draufstand, war nicht im Sortiment des Supermarktes.

»Die haben keine Feigen?«

»Nein.«

»Keine Fenchelsalami?«

»Nein.«

»Keine Pistazien von dieser Marke, bei der die so gut aufgehen?«

»Nein.«

»Ist ja ein toller Supermarkt.«

»Dafür haben die da aber Sülze. Und ein unglaubliches Süßigkeitenregal. Und Milch.«

»Die passen doch das Sortiment der Nachfrage an, die wissen doch genau, wo die Kunden was kaufen. Wir ziehen in eine Gegend, wo die Leute Sülze und Gummibärchen essen.«

»Und Milch trinken.«

»Ja, toll, die trinken da Milch, wie kultiviert.«

Meine Frau hat leider recht, jedenfalls zum Teil. Das Sortiment des Supermarktes gleicht nicht dem, was wir seit Jahren gewohnt sind. Es gibt auch kein Café, in das man sich setzen könnte, keine Bar, in der ich abends mit Johannes ein Bier trinken könnte, dafür gibt es verschiedene Drogeriemärkte und einen dieser »99 Cent«-Läden. Wo bleibt eigentlich die Gentrifizierung, wenn man sie mal braucht?

***

Nach dem Besuch im Supermarkt stehe ich mit meinen Tüten voller Milch auf der Baustelle, jeden Samstag sehe ich, dass unser Haus immer mehr Gestalt annimmt, mittlerweile grüßen mich die Bauarbeiter auf die Art, die ihr Beruf ihnen wohl vorgibt: Sie grummeln etwas in meine Richtung. Nachdem ich dreimal angegrummelt wurde, stehe ich vor unserem Haus, das nach meiner Einschätzung jetzt als Rohbau bezeichnet werden muss. Ich trete ein paar Schritte zurück, um einen besseren Überblick zu bekommen, da erkenne ich, dass auf dem Dach eine Plane gespannt ist, und zwar nur auf unserem Haus, nicht links, nicht rechts, nur bei uns. Einen vorbeieilenden Bauarbeiter spreche ich an und frage ihn, was es mit der Plane auf sich habe, er schaut erst mich an, dann schaut er nach oben, dann sagt er: »Dachschaden«, und geht weiter. Dachschaden? An unserem Haus? Ich stelle die Tüten ab, nehme mein Mobiltelefon und wähle Töhlkes Nummer, er geht ran, ich sage ihm, dass ich gerade auf der Baustelle sei und feststellen müsse, dass ich einen Dachschaden habe. »Wie bitte?«, fragt Töhlke, und ich sage: »Da liegt eine Plane auf unserem Dach, und als ich einen Bauarbeiter danach gefragt habe, sagte der, dass es sich um einen Dachschaden handeln würde.« Töhlke sagt, er sei gerade auf dem Weg zur

Baustelle und in zehn Minuten da. Dann könnten wir über alles reden.

Ich bringe die Tüten zurück ins Auto, es ist mittlerweile kalt geworden, ziemlich kalt, wahrscheinlich ist das Problem, das wir mit unserem Dach haben, nicht gut für das Durchfrieren, aber warum sehe ich dann keine Bauarbeiter auf unserem Dach, die den Schaden beheben? Warum sehe ich immer nur Bauarbeiter auf der Baustelle spazieren gehen? Warum sehe ich sie nie arbeiten? Dann kommt Töhlke, er parkt seinen Wagen hinter meinem, steigt aus und gibt mir die Hand, er sagt, er habe mich eigentlich gestern anrufen wollen, als er davon erfuhr, blöde Sache sei das, der Zement sei oben eingerissen, kleines Loch, gar nicht schlimm eigentlich, das Problem sei nur, dass man jetzt die ganze Platte wieder abtragen müsse und eine neue herschaffen, denn man könne das Loch nicht flicken. Ich frage ihn, wann das passieren werde, das mit dem neuen Dach, und er sagt, er hoffe, dass wir Ende kommender Woche ein neues Dach dahätten. Ich frage ihn, ob uns das jetzt im Zeitplan zurückwerfen würde, und Töhlke sagt: »Nicht dramatisch.« Was das denn wieder heiße, will ich von ihm wissen, ob es uns denn undramatisch zurückwerfe. Und Töhlke sagt, dass man es so auch ausdrücken könne, undramatisch würde es ganz gut treffen. Ich beschließe, meiner Frau davon nichts zu erzählen, sie wird sich wahrscheinlich eh wieder aufregen, dass ich Milch eingekauft habe.

***

Töhlke ruft mich am Montag an, die Sache mit dem Dach sei jetzt doch ein bisschen dramatischer, als er zunächst gedacht habe, nicht richtig dramatisch, aber halt schon ein bisschen dramatisch. Ob ich also deshalb auf die Baustelle kommen könne. Ich sage Töhlke, dass das jetzt ein bisschen nerve – nicht richtig nerve, aber halt schon ein bisschen, schließlich hätte ich Arbeit, einen Beruf, und um diesen Beruf auszuüben, müsse ich in ein Büro gehen, andere Menschen mit einem ähnlichen Beruf würden sich darauf verlassen, dass ich ins Büro ginge, um ihnen zu sagen, was sie tun sollen. Ich sage Töhlke, wenn ich dauernd auf der Baustelle sei und nicht im Büro, dann wüssten einige Menschen nichts mit sich anzufangen. »Ist Ihr Haus«, sagt Töhlke darauf. Ich sage ihm, dass ich in einer Stunde da sei.

Töhlke steht im Hof, vor meinem Haus, sein Blick ist nach oben gerichtet. Als ich ankomme, denke ich, dass er jemanden, der auf meinem Dach steht, anschreit, aber dann merke ich, dass Töhlke sich mit dem Mann auf dem Dach unterhält, in der Lautstärke und mit den Worten, die bei einem normalen Baustellengespräch wohl dazugehören:

Töhlke: »Hä?«

Mann auf dem Dach: »Das Loch! So groß wie mein Fuß!«

Töhlke: »Wie dein Fuß?«

Mann auf dem Dach: »Ja! Wie mein Fuß! So groß wie mein Fuß!«

Töhlke: »Kriegen wir das Dach wieder weg?«

Mann auf dem Dach: »Weiß nicht.«

Töhlke: »Ja nu, dann guck!«

Mann auf dem Dach murmelt Unverständliches.

Ich sehe, wie der Mann auf dem Dach das Dach abgeht, langsam und bedächtig, er schaut sich die Ecken an, dann die Längs- und die Querseiten. Dann schreit er wieder Töhlke an: »Gibt dann aber 'ne ziemliche Schweinerei!«

Töhlke: »Warum?«

Mann auf dem Dach: »Wir werden dann bisschen was von den Wänden mit abreißen müssen. Abtragen geht nicht mehr. Nur abreißen. Brauch ich den Kran-Heini für!«

Töhlke: »Der Kran-Heini ist morgen hier, dann macht ihr das.

Weg mit dem Dach. Dann den Schaden schätzen. Neues Dach ranschaffen. Wände wieder hochziehen. Neues Dach draufmachen. Dann aber ganz schnell versiegeln und nicht wieder so eine Scheißaktion wie ...«

Töhlke sieht mich, er schaut mich an, deshalb spricht er nicht weiter. Ich frage ihn, was er damit meint, mit dem Wort »Scheißaktion«, und er fragt mich, wie lange ich schon da stehen würde. »Lange genug, Herr Töhlke«, antworte ich, »lange genug.«

Er bittet mich in sein kleines provisorisches Büro im Apartmenthaus, wir setzen uns an den Tisch, er kratzt sich am Kinn, dann sagt er: »Wir stehen ein wenig unter Zeitdruck, wissen Sie? Der Bauträger drängt, die Käufer drängen ... Vielleicht haben wir deshalb ein wenig, wie soll ich mich ausdrücken?, unsauber gearbeitet hier und da. Vielleicht haben wir Ihr Dach nicht mit der nötigen Sorgfalt behandelt.«

Ich versuche, ihn so schlecht gelaunt wie möglich anzuschauen, er soll wissen, dass ich nicht hier sein will, dass ich eigentlich nicht hier sein kann. Er soll wissen, dass ich andere Lasten zu tragen habe, dass ich keine Lust habe, auch noch diese Last zu tragen.

»Herr Töhlke.« Ich lehne mich etwas nach vorn und spreche absichtlich ein wenig leiser, denn er soll mir zuhören, ich will ihn zwingen, genau zuzuhören. »Ich halte mich für einen umgänglichen Mann. Halten Sie mich auch für einen umgänglichen Mann?«

Töhlke nickt.

»Und warum halten Sie mich für einen umgänglichen Mann? Weil ich bis jetzt davon abgesehen habe, mich wegen jeder Kleinigkeit aufzuregen. Weil ich bis jetzt versucht habe, Verständnis für Ihren Job aufzubringen. Weil ich davon überzeugt war, dass man mit Druck nicht weiterkommt. Und weil ich Ihr Fehlverhalten in der Vergangenheit für undramatisch hielt. Aber jetzt«, ich schaue zum Fenster und streiche mir mit der flachen Hand über die Wange, eine Geste, die ich aus Mafia-Filmen kenne, »jetzt bin ich mit meiner Geduld am Ende.« Ich mache eine Pause, schaue auf den Tisch, dann Töhlke in die Augen. »Denn jetzt geht es nicht um Fliesen oder um eine abgehängte Decke oder um die Frage: kleben oder schwimmen. Es geht um ein Dach. Kennen Sie die Symbolik des Daches? Ahnen Sie den tieferen Sinn hinter dem Bild des Daches? Sollte nicht jeder Mann dafür Sorge tragen, dass seine Familie ein Dach über dem Kopf hat?«

Töhlke nickt, aber er schaut mich nicht an, sondern auf den Boden. Hat er Angst? Mache ich ihm Angst? Ich schalte noch einen Gang höher.

»Es ist mir scheißegal, ob Sie mir gerne Parkett dahin legen, wo Sie lieber Fliesen hätten. Es ist mir scheißegal, ob die abgehängte Decke am Ende genau dem Maß entspricht, das mein Architekt vorgegeben hat. Es ist mir sogar scheißegal, ob sie Termine versprechen und dann doch nicht einhalten, weil ich weiß, dass Termine niemals eingehalten werden, nicht auf dem Bau, nicht von Ihnen. Aber wissen Sie, was mir nicht scheißegal ist? Das Dach meines Hauses. Und wissen Sie, warum es mir nicht scheißegal ist? Weil das Dach mich und meine Familie beschützen soll. Vor Regen, Schnee und Sturm. Vor Menschen, die in mein Haus wollen. Vor dem einstürzenden Himmel. Vor der Welt da draußen. Sie reparieren also jetzt das Dach oder schaffen ein neues her – das ist mir egal. Aber wenn ich am Samstag wieder auf die Baustelle komme, dann hat mein Haus ein Dach, ein Dach ohne Loch, ein Dach, das seine Funktion erfüllt. Ich bin sicher, Sie werden mir diesen Wunsch erfüllen. Sie wollen mir doch diesen Wunsch erfüllen, oder?«

Töhlke nickt. Ich stehe auf und gehe ohne ein weiteres Wort zu sagen aus dem Zimmer, die Treppen nach unten, über den Hof zu meinem Wagen. Auf dem Weg stolpere ich, weil meine Beine zittern. Das Haus verändert dich, denke ich, als ich im Auto sitze. Nicht du veränderst das Haus, es verändert dich, es macht dich zu einem bösen Menschen. Als ich zurück im Büro bin, lobe ich jeden, dem ich begegne.

***

Am nächsten Samstag fahre ich gemeinsam mit meiner Tochter zur Baustelle. Ich zeige ihr den Supermarkt und gehe mit ihr in dem Viertel ein wenig spazieren, es liegt ein wenig Schnee, die Sonne scheint, es ist nicht kalt. Als wir in die Straße einbiegen, von der wir bald sagen werden, dass es unsere Straße ist, denke ich darüber nach, dass ja vor allem viele junge Familien, die ein Haus bauen oder kaufen oder mieten, diesen Entschluss gegenüber ihren Mitmenschen gerne damit erklären, dass sie das ja hauptsächlich des Kindes wegen tun. Denn das Kind könne man den Zumutungen, die eine Wohnung mit sich bringt, nicht aussetzen. Eine Wohnung hat keinen Garten. Eine Wohnung hat ein zugiges Treppenhaus. Eine Wohnung hat keine Garage. Eine Wohnung hat einen Vermieter, der das Böse des Kapitalismus schlechthin symbolisiert. Eine Wohnung ist im Prinzip der letzte Ort, an dem Kinder aufwachsen und leben sollten. Während wir uns der Baustelle nähern, bin ich mir sicher, dass das alles nicht stimmt und gelogen ist. Wir ziehen in unser Haus vor allem deshalb, weil ich das will. Wenn meine Frau gefragt wird, warum wir in ein Haus ziehen, verweist sie immer noch auf mich. Wenn unsere Tochter gefragt wird, warum wir in ein Haus ziehen, dann sagt sie, dass sie da endlich ihre Ruhe hat. Unsere Tochter wird drei und hat einen skandinavischen Vornamen. Letzte Woche fragte mich eine Frau, die mehr von der Welt gesehen hat als ich, welches Zimmer unsere Tochter denn bekäme. Ich sagte wahrheitsgemäß: »Das größte, das hellste, das schönste.« Und die Frau sagte, das würde natürlich passen, schließlich hätten in Skandinavien die Kinder immer die größten und hellsten und schönsten Zimmer.

Aber woran könnte das wohl liegen? Vielleicht hat das damit zu tun, dass es in Skandinavien im Winter so lange duster ist – da sollen die Kinder dann, wenn es hell ist, doppelt was davon haben. Ich habe keine Ahnung. Unsere Tochter bekommt das größte, hellste und schönste Zimmer, weil sie im Moment das kleinste und dunkelste hat. Deshalb spielt sie oft im Wohnzimmer. Wenn meine Frau und ich auch im Wohnzimmer sind und zum Beispiel Zeitung lesen, dann sagt unsere Tochter manchmal: »Ich will meine Ruhe haben.« Wir lesen dann in ihrem Zimmer weiter, die Zeitung müssen wir uns dann teilen, für zwei Zeitungen fehlt der Platz.

Wenn man im neuen Haus aus dem Zimmer unserer Tochter schaut, dann kann man ja tatsächlich in der Ferne den Fernsehturm sehen. Als ich meine Frau einmal darauf aufmerksam machte, meinte sie, dass es von da, wo wir im Moment wohnen, bis zum Fernsehturm nur fünf Minuten sind. Es ist unmöglich, mit so einem Haus jeden in der Familie restlos glücklich zu machen.

Am Eingang der Baustelle nehme ich meine Tochter auf den Arm, denn natürlich ist da, wo einmal der Hof sein soll, nur eine Mondlandschaft, die den Bauarbeitern als Lagerplatz dient. Vorsichtig überqueren wir den Platz und bleiben vor unserem Haus stehen. Ich schaue nach oben. Da liegt ein Dach. Unser Dach. Ein neues Dach. Ein Bauarbeiter kommt uns entgegen, ich schaue ihn an und frage, ob sich diese Sache mit dem Dach geklärt habe, und er sagt: »Alles schick«, und geht sofort weiter, so als ob er Angst hätte, dass ich ihm etwas tun könnte. »Das ist unser Haus«, sage ich zu meiner Tochter. »Das?«, sagt sie und schaut irritiert.

Ich gehe mit ihr rein, und weil ich den Grundriss unseres Hauses auswendig kenne, ihn verinnerlicht habe, ihn mit geschlossenen Augen zeichnen könnte – und zwar maßstabsgetreu –, ahne ich natürlich, wo die Zwischenwände sein werden, wo welches

Zimmer ist und wie groß es ungefähr sein wird. Meine Tochter kann all das nicht sehen, was sie genau sieht, weiß ich nicht, aber es scheint ihr nicht zu gefallen. In den einzelnen Stockwerken wurden Stützpfeiler eingezogen, die die Decken halten, ein Gefühl für Großzügigkeit will sich so nicht einstellen. Über die Treppe, die im Moment frei und ungestützt am Rande des Hauses nach oben führt, gehe ich mit ihr bis zum zweiten Obergeschoss und mache einen gravierenden Fehler: »Das ist dein Zimmer«, sage ich, als wir in den schönsten, größten, hellsten Raum kommen, der im Moment jedoch alles andere als schön und groß und hell ist. Vorsichtig setze ich meine Tochter ab, sie hält sich an meinem Bein fest. »Toll, oder?«, sage ich. Sie sagt nichts.

Unten auf dem Platz sehe ich einzelne Bauarbeiter, die im Apartmenthaus und im Townhouse neben unserem verschwinden. Zum ersten Mal fällt mir auf, dass auf der Baustelle zwar immer gearbeitet wird, nur nicht an unserem Haus. Unser Haus scheinen die immer zu vergessen, da wollen die aus irgendwelchen Gründen nicht rein. Vielleicht mögen die unser Haus nicht, vielleicht halten die unseren Grundriss für ganz großen Quatsch und weigern sich, daran weiterzuarbeiten. Beim nächsten Termin werde ich Töhlke darauf ansprechen müssen.

Immerhin ist die Tiefgarage mehr oder weniger fertig. Weil sie wie ein L alle Bauabschnitte umfließt, gelangt man durch die Tiefgarage, die über zwei Ausgänge verfügt, von unserem, dem dritten Bauabschnitt, zum fertigen ersten Bauabschnitt. Ich gehe mit meiner Tochter durch die Tiefgarage, bis wir am Ende durch eine Tür in den Hof des ersten Bauabschnitts kommen. Hier ist alles fertig, in den Fenstern der Townhouses hängt zum Teil noch der Weihnachtsschmuck, Vorhänge sind angebracht, Blumen stehen auf der Fensterbank. Hier leben Menschen, glückliche Menschen, so wird es bald sein, auch bei uns. In der Mitte dieses Hofes ist ein Kinderspielplatz, ein Sandkasten, eine

Wippe, ein kleines Spielhaus aus Plastik. Meine Tochter läuft zu diesem Spielhaus, öffnet die Tür und schaut aus dem Fenster. »Das ist mein Zimmer«, sagt sie und lächelt. Immerhin zieht sie in unsere Nähe.

***

Am Telefon frage ich Töhlke, ob das nicht ein gutes Zeichen sei, dass er jetzt so auf einen Bemusterungstermin dränge. »Wenn wir uns jetzt entscheiden müssen, dann heißt das doch, dass Sie die Sachen bestellen. Wenn Sie die Sachen bestellen, heißt das doch, dass die bald da sind. Wenn die bald da sind, heißt das doch, dass Sie die bald verbauen werden. Wenn Sie die bald verbauen werden, heißt das doch, dass das Haus bald fertig ist. Wenn das Haus bald fertig ist, heißt das doch, dass wir bald einziehen können.« Ich höre ihn am anderen Ende der Leitung seufzen. Er sagt, dass das aber alles auch noch seine Zeit dauert, außerdem dürfe ich nicht die Verzögerung vergessen, die durch das Parkettkleben entstünde. Zudem komme der harte Winter, dessen Ende noch nicht absehbar sei – das alles möge ich bitte beachten. Ich sage ihm, dass ich das alles beachten würde, vor allem den von ihm genannten Einzugstermin im September. Sein Seufzen ist jetzt eher ein Stöhnen, wir verabreden uns für kommenden Freitag. Es ist Anfang Februar, meiner Frau sage ich, dass jetzt alles ganz schnell geht.

Ich habe keine Ahnung, auf was andere Menschen im Büro starren, wenn sie auf ihren Computerbildschirm starren. Ob sie bei eBay kaufen oder verkaufen oder in der Suchmaske von YouTube »hinfallen« eintippen, um sich dann die 200 lustigsten Hinfallvideos der Welt anzuschauen. Wir müssen jede Woche ein Magazin fertigmachen, das ist das, was mich interessiert, und wie die Kollegen es schaffen, diesen Termin einzuhalten, ist mir egal. Ich habe mal gelesen, dass es Pornoseiten im Internet gibt, die einen Not-Button hätten, wenn man daraufdrücke, erscheine sofort eine Excel-Tabelle auf dem Bildschirm, diesen Button müsse man drücken, wenn die Tür plötzlich aufgehe, damit der Eindruck erweckt werde, man würde gerade komplizierte Kalkulationen berechnen.

Auf den Seiten von Fliesenherstellern gibt es so einen Not-Button nicht, es gibt ihn auch nicht auf der Seite von Badausstattern, Elektroanbietern oder Türherstellern. Das weiß ich, denn ich verbringe die vier Tage bis zum Termin mit Töhlke ausschließlich auf diesen Seiten, ich schaue mir das Warenangebot an, ich vergleiche Preise, und wenn ich bei Google zum Beispiel »Waschtisch« eingebe, dann schreibe ich dahinter immer »– Philippe Starck«, damit kein Produkt dieses Mannes bei den Suchergebnissen auftaucht. Es ist eine mühsame, eine harte Arbeit, ich hatte keine Ahnung, wie groß der Markt für Duschköpfe ist. Gleichzeitig muss ich das, was mir gefällt, mit der Liste der Produkte abgleichen, mit denen wir laut Kaufvertrag bemustert werden, die also im Kaufpreis enthalten sind. Zunächst aber schaue ich mir die Serien der Hersteller an, von denen ich weiß, dass sie auf der Bemusterungsliste stehen, einige Produkte, die mir gut gefallen, notiere ich mir, danach gebe ich diese Produkte noch einmal bei Google ein, um abseits der Herstellerseiten nach ihnen zu suchen. Was sagen die Kunden? Gab es Designpreise? Finde ich Fotos, auf denen das Produkt im Einsatz gezeigt wird – und nicht wie bei den meisten Herstellern als reines Objekt, das wahrscheinlich mehrmals bearbeitet wurde, bevor man das Foto ins Internet gestellt hat. Durch diese akribische Arbeit, durch diese Ausschlusskriterien soll sich das Netz enger ziehen, die Auswahl kleiner werden, dabei erinnert meine Arbeit an die eines Chirurgen, der Tumore entfernen muss und dabei das Heile, das Gute nicht beschädigen darf.

Während langsam immer mehr Produkte von meiner Liste gestrichen werden, wundere ich mich, dass, seit man in eigenen

Wohnungen lebt, diese Dinge nie wirklich eine Rolle gespielt haben – aber man ja doch meistens glücklich war. Wenn man sich eine Mietwohnung angeschaut hat, dann hat man vielleicht auf den Boden, selten auf die Fenster und Türen geachtet, nie aber hat man im Bad gestanden und zu dem Makler gesagt: »Eigentlich ganz schön, aber die Armaturen machen es mir leider unmöglich, hier einzuziehen.« Wer eine Wohnung mietet, lebt mit Kompromissen – wer ein Haus baut, will keine Kompromisse mehr eingehen.

Nach zwei Tagen habe ich meine Liste fertig und vergleiche sie mit der Liste des Bauträgers. Ich habe eine Trefferquote von 80 Prozent. Kann das denn sein? Kann es wirklich sein, dass die meisten Sachen, die ich schön finde, die objektiv schön sind, tatsächlich die sind, die der Bauträger anbietet? Außer bei den Türklinken, die Türklinken des Bauträgers sind Mist, von Anfang an wollte ich diese Jasper-Morrison-Türklinken, einmal sagte Johannes, ich würde das Haus nur bauen, um endlich Türen zu haben, an denen Jasper-Morrison-Türklinken dran sind, aber das ist natürlich Quatsch, jedenfalls zum Teil.

***

Der Termin mit Töhlke dauert jetzt schon zwei Stunden, und eigentlich ist es auch kein richtiger Termin, sondern eher eine Art Pokerspiel: Wer hat die besseren Karten? Wer setzt mehr? Wessen Wunsch zu gewinnen ist größer? Ein paar Dinge waren einfach, die Türklinken zum Beispiel. Auch die Türen, denn wir haben uns für schlichte weiße Türen entschieden, die Töhlke auch für die besten im Sortiment hält. Auch die Lichtschalter und die Steckdosen waren kein Problem, allerdings erst, nachdem wir Töhlke gesagt hatten, dass wir kein geschlossenes System brauchen, keine Kommandozentrale, mit der man bereits an der Haustür einstellen kann, dass im Badezimmer Licht und Heizung angehen, obwohl Töhlke gerade dafür sehr warb. Er hätte das jetzt auch bei sich zu Hause und könne sich überhaupt nicht mehr vorstellen, wie das früher gewesen sei, als er noch nicht beim Nachhausekommen die Temperatur im Schlafzimmer regeln konnte. Verlorene Jahre müssen das gewesen sein. Er hatte auch noch einen letzten Fliesenvorstoß versucht, er warb noch einmal eindringlich, vor allem gegenüber meiner Frau, für Fliesen im Flur und in der Küche, und als er merkte, dass meine Frau und ich bei diesem Thema eine Einheit bilden, ein Bollwerk, eine Anti-Fliesen-Fraktion, schien er für einen kurzen Moment den Verstand zu verlieren. Wenn das so sei, sagte Töhlke, dann habe er aber auch was fürs Bad, extra für uns. Er war aufgestanden, in ein anderes Zimmer gegangen und mit verschiedenen Mustern wiedergekommen, die er auf den Tisch legte. »Es gibt ja«, sagte er, »Fliesen in verschiedenen Optiken – die wären auch fürs Bad geeignet. Schauen Sie mal«, und er legte uns ein Muster vor, das aussah wie ein Schneidebrett. »Fliesen in Holzoptik.«

Er schaute triumphierend, dann sagte er, es ginge aber noch besser, noch toller, und legte uns ein anderes Musterstück vor. »Oder hier: Fliesen in Lederoptik.«

Meine Frau und ich hatten uns verdutzt angesehen. Meinte er das ernst? Sollte ich ihm jetzt sagen, dass es keinen Sinn hat, Dinge in einer anderen Optik anzubieten als in der, die Gott dafür vorgesehen hat? Es gibt ja auch keinen Käse in Fleischoptik, weil manche Menschen dann so vielleicht lieber Käse essen würden. Es war dann aber meine Frau, die sachlich, aber mit Bestimmtheit versuchte, diesen Punkt ein für alle Mal aus der Welt zu schaffen. Sie sagte zu Töhlke, dass sie seinen Einsatz sehr schätze und er bestimmt nur das Beste wolle für uns und für das Haus. Dass es aber nun einmal so sei, dass sie und ich die Anzahl der Fliesen in ihrer Gesamtheit so gering wie möglich halten möchten einfach aus dem Grund, weil wir keine großen Fans der Fliese seien. Warum das so sei, darauf mögen Wissenschaftler und Philosophen einst eine Antwort finden, jetzt aber müsse man damit zurechtkommen. Weil wir beide aber wüssten, dass Fliesen im Bad gut und nützlich sind, würden wir uns in den Bädern für diese Fliese entscheiden. Sie deutete auf Fliesen, die an der Wand lehnten, es waren weiße, cremeweiße, sie waren schön und schlicht und wirkten warm. Töhlke schaute erst meine Frau an, dann mich. Ich nickte. Er sagte: »In beiden Bädern?« Und meine Frau sagte, ja, bitte in beiden Bädern. »Na, das ist doch jetzt mal eine Aussage, mit der ich leben kann«, sagte Töhlke, und dabei schaute er mich an. Ich sagte, ich müsste mal eine kurze Pause machen, und ging auf den Hof, um eine Zigarette zu rauchen.

***

Ich zünde mir meine zweite Zigarette an und denke, vielleicht ist es besser, wenn meine Frau den Rest erledigt, vielleicht kann sie das besser, vielleicht ist bei ihr der Druck nicht so hoch, vielleicht denkt sie dann doch in vielen Dingen praktischer, logischer als ich. Vielleicht sollte ich mich komplett zurückziehen, mich auf das Grobe konzentrieren, vielleicht ist das meine eigentliche Bestimmung: der Mann fürs Grobe. Ich schaue mir die fertigen Townhouses des ersten Bauabschnittes an, wie sie da stehen, fertig bewohnt von Menschen, die Ähnliches hinter sich haben. Ob sie glücklich sind in ihren Häusern? Ob sie nicht mehr weinen und fluchen, seit sie eingezogen sind? Ob sich ihr Leben schlagartig verbessert hat, nachdem sie ihr Leben als Wohnungsmieter hinter sich gelassen haben? Plötzlich steht meine Frau neben mir und gibt mir einen Kuss. »Kommst du wieder hoch? Ich habe da noch eine Kleinigkeit am Grundriss.« Sie zieht mich sanft am Ärmel.

***

»Es geht um den Abstellraum«, sagt Töhlke, als ich wieder Platz genommen habe. »Ihre Frau meint, sie hätte im oberen Bad doch ganz gerne eine Badewanne und eine Dusche, auf die Badewanne im Gästebad könne sie allerdings verzichten. Das macht auch Sinn, dann kriegen wir unten keine Probleme mit dem Trockner und der Waschmaschine. Wenn dann aber die Badewanne nach oben soll, müssen wir auf den Abstellraum verzichten.« Ich schaue meine Frau fragend an, sie sagt, sie brauche eigentlich da oben keine Abstellkammer, das wäre am Ende toter Raum, und eine zweite Tür für ein mögliches zweites Zimmer könnte auch woandershin. Lieber hätte sie oben die Badewanne und einen klaren Schnitt für das Badezimmer. Sie habe sich das schon länger überlegt, wollte mich damit aber nicht unnötig belasten. Unnötig belasten. Das sagt sie wirklich. Als ob sie mich vor irgendwas schützen müsse. Ich frage, ob das denn jetzt überhaupt noch ginge, und Töhlke sagt, dass das natürlich noch ginge, die Zwischenwände würden ja erst in ein paar Wochen gezogen, wenn ich mit dem Elektriker gesprochen hätte. Ich überlege kurz, ob nicht vielleicht besser meine Frau mit dem Elektriker sprechen sollte – oder ob sie das nicht vielleicht längst getan hat, dann aber sage ich, dass wir es genau so machen, wie meine Frau es will. Töhlke sagt, dass alles andere auch Quatsch wäre.

Dann gehen wir die Liste durch, die ich Töhlke geschickt habe, die Liste mit den Badezimmerarmaturen, mit den Waschtischen, den Duschköpfen, den Toiletten, der Wanne. Töhlke sagt, dass das im Prinzip alles kein Problem sei, dass wir das alles gerne so machen könnten. Aber. Mittlerweile weiß ich, dass »aber« Töhlkes Lieblingswort ist, er benutzt es da, wo andere sagen »Unsinn«. Töhlke schlägt vor, im Badezimmer einen großen Waschtisch mit zwei Armaturen zu nehmen, anstatt zweimal so eine Garnitur da hinzustellen. Spart Platz, sagt Töhlke. Meine Frau sagt: »Dann machen wir das auch so.« Lächelnd schreibt Töhlke eine Notiz in seinen Ordner.

Nach drei Stunden verabschieden wir uns, Töhlke sagt, er werde sich um alles kümmern, wenn er noch Fragen habe, dann werde er uns anrufen. Er gibt uns die Hand, erst meiner Frau, dann mir. Auf dem Rückweg sage ich nicht viel, bis meine Frau mich fragt, ob ich sauer sei.

»Ich bin nicht sauer«, sage ich und sonst nichts. »Aber«, sagt meine Frau, und es klingt wie »Unsinn«.

»Aber ich wundere mich, wann du dir diese ganzen Gedanken gemacht hast, mit den Fliesen, mit dem Abstellraum. Ich wundere mich, dass du mir das alles nicht erzählt hast.«

»Ich war mir nicht sicher«, sagt meine Frau. »Aber jetzt, da oben mit Töhlke, schien mir alles so klar, so eindeutig – und du hättest wieder nur diskutiert und lamentiert und dich womöglich wieder nicht entschieden, und dann hätten wir noch einen Termin machen müssen, und alles hätte noch länger gedauert. Ich dachte, ich würde dir damit helfen.«

Und natürlich hat sie recht mit allem, wieder mal, aber das sage ich ihr nicht, ich frage sie nur, ob sie mit dem Tischler schon die Küche zu Ende geplant habe und auch schon das Parkett ausgesucht habe. Sie lacht. Und sagt, dass sie mit dem Tischler einen Termin für morgen Abend gemacht habe. Er würde zu uns kommen. Sie habe sich zwar ein paar Gedanken gemacht, aber ich müsse mich noch ein wenig gedulden, es sei eine Art Überraschung. Ich schaue sie an, sie macht auf mich den Eindruck einer zufriedenen Frau, die bald in ihr erstes eigenes Haus zieht. Welchen Eindruck ich gerade mache, kann ich nur ahnen.

***

»Morgen kommt der Tischler«, sage ich zu Johannes, und Johannes sagt, dass Stauraum ja auch ganz wichtig sei in so einem Haus. Und das ist dieser Satz, den man zu hören bekommt von fast jedem, dem man erzählt, man würde ein Haus bauen: »Denkt an Stauraum. Stauraum ist ganz wichtig. Lieber zu viel als zu wenig. Man ärgert sich später nur, wenn man zu wenig Stauraum hat.« Jeder sagt irgendwann diesen Satz, und zwar ganz gleich, ob derjenige diese Tortur, diese Strapazen, diese nicht enden wollende Aneinanderreihung von Katastrophen schon hinter sich gebracht hat oder ob es sich derjenige schön einfach macht und zur Miete wohnt. »Denkt an Stauraum. Stauraum ist ganz wichtig. Lieber zu viel als zu wenig. Man ärgert sich später nur.«

Sich ärgern ist ja genau das, was man später eben nicht mehr will, deshalb nimmt man ja diese Tortur, diese Strapazen, diese nicht enden wollende Aneinanderreihung von Katastrophen auf sich. Stauraum also. Für so Dinge. Ich erinnere mich an ein Interview mit Harald Schmidt, in dem er gefragt wurde, ob er spontan wisse, wo in seinem Haus sich der Weihnachtsbaumständer befinde. Schmidt antwortete, der sei in einem Raum unter der Treppe, wo Platz geschaffen worden sei für diese Dinge. Diese Stelle in dem Interview hat mich nachhaltig beeindruckt, ich erzähle Johannes davon und frage ihn, ob er wisse, wo sein Weihnachtsbaumständer sei. Johannes sagt: »Wir haben keinen Weihnachtsbaumständer. Ich kaufe die Weihnachtsbäume immer im Topf.«

Der Weihnachtsbaumständer. Das Grillbesteck. Die Gummistiefel. Das Gästebettzeug. Dinge, die man sich wohl erst zulegt, wenn man in seinem eigenen Haus wohnt, und dann fragt man sich, wohin damit.

»Und das soll der Tischler alles für euch bauen?«, fragt Johannes, und ich antworte, dass wir ja quasi alles vom Tischler machen lassen würden. »Das hat im Prinzip zwei Gründe, einer davon ist praktisch: Unsere Bücherregale und der Kleiderschrank würden einen erneuten Umzug nicht mehr überleben. Sie würden in sich zusammenfallen, oder man kann sie nicht mehr aufbauen. Diese Sachen sind so etwas wie die ersten Opfer des Hauses.«

»Und der zweite Grund? Du hast gerade gesagt, es würde zwei Gründe geben.«

»Richtig, der zweite. Das ist eher ein ästhetischer Grund: Bist du schon mal in einem Küchenladen gewesen? Was die einem da anbieten? Was das dann kostet? Küchen sind hässlich, kosten ein Heidengeld und passen meistens nicht unbedingt exakt dahin, wo man sie hinhaben will. Unser Tischler sagt, er habe dafür mehrere Lösungen. Wir vertrauen dem Mann. Und jetzt soll er noch mehr machen für uns, denn als wir in Gedanken unser Haus durchgingen, fanden wir immer eine Wand, eine Ecke, die noch frei war. ›Stauraum!‹, riefen wir dann und dachten an den Tischler, und irgendwann hatten wir so viel Stauraum in unseren Gedanken geschaffen, dass wir uns nie im Leben so viele Dinge kaufen könnten, wie in unseren Stauraum reinpassen würden.«

Johannes hört sich alles an, dann fragt er, ob jetzt nicht so langsam ein Punkt erreicht sei, wo mir das Ganze etwas über den Kopf wächst, finanziell, organisatorisch. Er erkundigt sich nach dem Bautenstand, er will wissen, wie weit es mit dem Rohbau ist, zum ersten Mal fragt er mich nach Details, und ich erzähle ihm von dem letzten Treffen mit Töhlke und sage ihm, dass ich alles im Griff hätte, dass ich noch lange nicht durchdrehen würde und dass der Plan gut sei und stehe. Ich sage ihm, dass wir im Herbst einziehen könnten, ganz sicher, im Herbst würden wir dann für alles belohnt werden, dann würden wir ernten, was wir vor Monaten gesät hätten. Warum er das denn plötzlich alles so genau wissen wolle?

Johannes zündet sich eine Zigarette an und bläst den Rauch aus der Nase, dann sagt er: »Wir suchen auch gerade.«

**

»Johannes sucht auch gerade«, sage ich zu meiner Frau, als ich nach Hause komme. »Ich habe ihm dann gesagt, dass das Townhouse rechts neben uns noch nicht verkauft sei, aber sie würden sich im Moment eher für eine Wohnung interessieren, allerdings sei die ganz in der Nähe unseres Hauses. Das Problem, sagt Johannes, sei nur, dass sie dann zu einer Baugemeinschaft gehören würden, mit regelmäßigen Treffen, Kennenlernspielen, Neid, Hass und Missgunst, dafür sei es nicht so teuer.«

»Und warum eine Wohnung«, fragt meine Frau, »und kein Haus?«

»Johannes sagt, er wolle vom Hausbau nichts mehr hören.«

***

Am Abend kommt Arndt, er hat eine große Tasche dabei, deren Inhalt er auf unserem Esstisch ausbreitet: Zeichnungen, Entwürfe, Holzproben. In den vergangenen Wochen habe ich oft mit ihm telefoniert, wir haben ein wenig hin und her gemailt, weil er außer der Küche noch ein Bücherregal und einen Kleiderschrank bauen soll. Er hat sich über alles Gedanken gemacht, jetzt schaut er sich die Wohnung an, in der wir leben, wir zeigen ihm, welche Möbel mitkommen ins Haus, unser Bett, unseren Esstisch, die Stühle, das Sofa. Er schaut sich alles ganz genau an, er scheint zufrieden, er sagt, dass das alles sehr gut passen würde, dann zeigt er uns seine Entwürfe, die er mit Bleistift auf Papier gezeichnet hat, Küche, Schrank, Bücherregal. Er erklärt uns, was er sich bei den einzelnen Möbeln gedacht hat, er erklärt uns, wie sie wirken würden, er spricht von Holz, von Eiche, und er fragt uns, ob wir uns schon für einen Boden entschieden hätten. Als wir verneinen, sagt er, dass wir unbedingt einen Eichenboden nehmen sollten, die einzelnen Stücke so breit wie möglich und so lang wie möglich, eben so, dass man den Boden ohne Bedenken auf die Fußbodenheizung legen könne – Dielen gingen nicht bei Fußbodenheizung. Meine Frau schaut etwas enttäuscht, sie trauert immer noch den Dielen in unserer ersten gemeinsamen Wohnung hinterher, den Dielen, auf denen unsere Tochter ihre ersten Schritte gemacht hat. Den Dielen, aus denen irgendwann ein Zimmermannsnagel ragte, aber das scheint meine Frau vergessen zu haben, die dazu neigt, sich eher an die guten als an die bösen Dinge im Leben zu erinnern. Bei mir ist es umgekehrt.

Zwei Stunden ist Arndt bei uns, immer wieder fragen wir ihn, wie dieses oder jenes im Haus wirken würde, eigentlich wollen wir ihn nicht gehen lassen, denn je mehr er redet, umso deutlicher sehen wir, wie alles wird, wie alles werden könnte. Am Ende einigen wir uns dann, Arndt sagt, er mache dann eine Rechnung fertig, wir müssten eine Anzahlung leisten, weil er das Holz schließlich schon kaufen müsse. Und er sagt, er müsse dann bald in den Rohbau, wenn der Estrich liegt, wenn die Zwischenwände eingebaut sind – weil er dann noch einmal genau Maß nehmen müsse. Ich sage ihm, dass ich ihm Bescheid sage, sobald das fertig sei, und frage ihn, ob ich seine Zeichnungen dem Bauleiter geben könne, die brauche er, damit er weiß, wo die Auslässe für Wasser und Strom hinmüssen. Arndt sagt, er könne sie mir natürlich hierlassen, und er fragt mich nach dem Zeitplan, und ich sage: Herbst. »Das schaffe ich ohne Probleme«, sagt Arndt, und meine Frau sagt: »Ja. Du schon.«

Als wir uns an der Tür verabschieden, fällt Arndt noch eine Sache ein: »Die Elektrogeräte – da wäre es gut, wenn ich bald die Maße kriegen könnte. Und dann müssten die irgendwie in die Werkstatt, damit ich die direkt einbauen kann.« Die Elektrogeräte. Meine Frau und ich schauen uns an. Wir haben die Elektrogeräte vergessen. Ich sage Arndt, dass wir uns darum kümmern würden.

＊

Wir sind bei Freunden zum Essen eingeladen, aber in der Küche stehen nicht nur die Freunde, die für uns kochen wollen, in der Küche stehen auch meine Frau und ich. »Und mit dem Herd seid ihr zufrieden?«, frage ich und versuche dabei so nebensächlich wie möglich zu klingen. »Ja, schon, wieso?« – »Och, nur so. Und der Kühlschrank? Guter Kühlschrank?« – »Ja, keine Sorge, der Kühlschrank ist gut, er kühlt. Wieso wollt ihr das wissen?

Die Freunde sind vor einem halben Jahr in ihre Eigentumswohnung gezogen, die ihre Eltern bezahlt haben. Die Eltern haben Geld, viel Geld, die beiden mussten sich nicht in Details verlieren, für ihre Küche wählten sie sehr hochpreisige Einbaugeräte, und jetzt stehen meine Frau und ich vor ihrem Backofen und versuchen, aus dem Bedienmenü schlau zu werden. Der Mann sagt: »Ihr habt die Küchengeräte vergessen, stimmt's?«

* * *

Das Essen war sehr gut, das Bier, das aus dem Kühlschrank kam, war kalt, und als wir nach Hause gehen, sage ich zu meiner Frau: »Die Geräte sind in Ordnung.« Meine Frau schüttelt den Kopf und sagt: »Sie sind zu teuer.« Ich sage ihr, sie solle das mal lieber meine Sorge sein lassen.

Am nächsten Tag schaue ich mir die Homepage des teuren Küchenherstellers an und vergleiche die Produkte mit Listen, die ich von dem Fachmagazin »Stiftung Warentest« bekommen habe. Ich habe ein Abo, ich halte »Stiftung Warentest« für eines der besten Magazine der Welt, ich habe mir mal eine Jeans für zwanzig Euro gekauft, weil die im Test von »Stiftung Warentest« besser abgeschnitten hatte als alle anderen Marken. Als ich die Jeans zu Hause anzog, sagte meine Frau, ich sähe aus wie ein Bauer, ich sagte ihr, diese Jeans würde jede Wäsche überstehen, außerdem färbe sie nicht ab und enthalte keine Schadstoffe. »Wie ein Bauer«, sagte meine Frau.

Aber Kühlschränke und Backöfen sind keine Jeans, und tatsächlich stelle ich fest, dass die Küchengeräte, die bei »Stiftung Warentest« am besten abgeschnitten haben, im Sortiment des teuren Küchenherstellers sind. Es ist ein Kinderspiel, in nur zehn Minuten habe ich alle Geräte zusammen. Weil ich weiß, dass meine Großeltern seit Jahrzehnten in einer Filiale des Küchenherstellers in meiner Heimatstadt gute Kunden sind (Barzahlung), rufe ich dort an, gebe mich als Familienmitglied zu erkennen und nenne meine Bestellung. Ich erwähne nebenbei, dass ich einen fairen Preis erwarte, schließlich würde ich auch alles sofort bezahlen. Außerdem, darum bitte ich zum Schluss, müsste das Ganze bitte nach Berlin geliefert werden, dabei nenne ich die Adresse der Tischlerwerkstatt. Man werde mein Anliegen prüfen und mich sofort zurückrufen.

Zehn Minuten später klingelt das Telefon. Der Preis, der mir genannt wird, ist eine Sensation – was ich mir natürlich nicht anmerken lasse. Ich sage »Oh«, woraufhin man mir versichert, dass ich bei sofortiger Überweisung des Kaufpreises noch fünf Prozent Skonto bekäme. Ich bin mit allem einverstanden und bitte um die Rechnung. Danach rufe ich meine Frau an und sage ihr, ich hätte gerade innerhalb von zwanzig Minuten alle Küchengeräte gekauft. Nach ihrer Reaktion bin ich sicher, dass manche Männer auch deshalb wahnsinnig werden, weil sie getadelt werden, wo sie Lob erwarten.

***

Mittlerweile werden die Zwischenwände im Rohbau eingezogen, der Estrich wird gelegt. Ich stehe auf der Baustelle, wo mich die Bauarbeiter mittlerweile mit Namen begrüßen. Ich betrete mein Haus mit einem mulmigen Gefühl, denn es ist das erste Mal, dass ich es mit den Zwischenwänden sehe, all die Monate zuvor habe ich mich nur in meiner Vorstellung durch das Haus bewegt, und ich hatte Angst vor diesem Moment, denn ich fürchtete, dass mir das Haus, das echte Haus, mit Mauern und Wänden, mit Sicherheit kleiner vorkommen wird als das Haus in meinen Vorstellungen. Aber es ist nicht so, das echte Haus scheint meinem Vorstellungshaus exakt zu gleichen – ich weiß in dem Moment nicht, ob das ein gutes oder ein schlechtes Zeichen ist, und während ich darüber nachdenke, höre ich hinter mir die Stimme von Töhlke: »Wusste ich doch, dass ich Sie hier treffe.«

Ich sage ihm, dass das Haus ja genauso aussehe, wie ich es mir vorgestellt hätte – und dass mich das jetzt doch etwas irritiere. Töhlke sagt, er könne mir da jetzt nicht ganz folgen, weil das doch eigentlich eine gute Nachricht sei – wo denn jetzt eigentlich genau mein Problem liege. »Ich dachte, es sei kleiner«, sage ich, und Töhlke fragt mich, ob sie dann noch irgendwo Zwischenwände einziehen sollen, und als ich ihn gerade für seinen Humor loben will, macht er alles kaputt und sagt: »Aber jetzt mal Spaß beiseite.«

Wenn ich noch Zeit hätte, dann könne ich noch schnell zum Elektroinstallateur fahren, der müsse jetzt langsam mit mir reden, darüber, wo alles sein soll, die Steckdosen, die Lichtschalter und das ganze Gedöns. Das sagt Töhlke so. Das ganze Gedöns. Und er müsse eh auch zu ihm, da könne er mich auch gleich mitnehmen.

Während der Fahrt erzählt Töhlke von dem Leben eines Bauleiters, von der Verantwortung, die der Job mit sich bringt, von den Wünschen der Kunden, die man erfüllen muss, und von der Freude, an etwas zu arbeiten, das entsteht. Und als ob ich nicht schon längst das Haus gekauft hätte, schwärmt er von diesem Projekt, von der Lage, der Ausführung und wie man es geschafft habe, das alles zu einem fairen Preis anzubieten. Irgendwann sage ich zu ihm: »Ich will ja nicht nerven, aber ist es nicht langsam an der Zeit, dass Sie mir mal einen etwas genaueren Termin nennen? Der Tischler steht in den Startlöchern, ich muss irgendwann die Wohnung kündigen, den Umzug vorbereiten, solche Sachen.«

Töhlke lacht und sagt: »Sie nerven nicht – auch wenn Sie das immer glauben. Da kenne ich ganz andere. Furchtbare Menschen, anstrengende Menschen. Haben jeden Tag neue Sonderwünsche – und diese Wünsche sind weiß Gott nicht immer so, dass sie mir gefallen. Einer zum Beispiel hat einen Innenarchitekten aus Paris einfliegen lassen, der mir und meinen Leuten gesagt hat, was wir machen sollen. Auf Französisch! Mit Händen und Füßen haben wir diskutiert, aber am Ende haben wir dann tatsächlich alles so hinbekommen, dass es dem Kunden gefiel. Mir gefällt das ja nicht so, das ganze Schischi. Innenarchitekt aus Paris, Sie verstehen? Ein anderer wollte einen Whirlpool im Wohnzimmer. Kann man sich so was vorstellen? Ein Whirlpool im Wohnzimmer.«

Er schüttelt den Kopf und lächelt. Ich frage ihn, ob er ihm das mit dem Whirlpool ausgeredet habe.

»Nee«, sagt Töhlke, »haben wir dann auch gemacht. Ging auch. Der hatte eh die ganze Wohnung durchgefliest.«

»Na, da ging Ihnen doch das Herz auf, oder?«

»Doch, ist schön geworden.«

»Aber wann unser Haus fertig ist, wollen Sie mir trotzdem nicht verraten, oder?«

»Das kann ich nicht.«

»Sie könnten raten.«

»Das will ich nicht.«

»Noch in diesem Jahr?«

»Das verspreche ich.«

Geplant war Mai. Jetzt wird es Dezember. Es ist kalt.

***

Wir sitzen in einem kleinen Büro, der Elektroinstallateur ist ein kleiner, drahtiger Mann mittleren Alters, er heißt Herr Topluc und er ist vorbereitet. Auf dem Tisch liegt unser Grundriss, er hat die Kopien vergrößert und sagt, er habe sich bereits Gedanken gemacht und hoffe, dass ich das auch getan hätte, am besten wäre es nämlich, ich wüsste jetzt schon, wo am Ende alles steht, Bett, Fernseher, Stuhl, Telefon. Ich sage ihm, dass ich das grob wüsste, allerdings sei es mit dem Einzug ja auch noch ein wenig hin. »Rohbau steht«, sagt Herr Topluc, »jetzt geht alles ganz schnell.« Ich schaue Töhlke an, er lächelt ein wenig gequält.

Topluc fragt mich als Erstes, wo im Haus der Fernseher stehen würde, Fernseher scheinen in der Welt des Herrn Topluc eine wichtige Rolle zu spielen, in dem kleinen Büro, in dem wir sitzen, stehen drei Fernseher. Ich lerne: Wo ein Fernseher steht, braucht der Mensch fünf Steckdosen, besser sechs, und ich frage mich, ob Elektriker von Geräten wissen, die erst in zehn Jahren auf den Markt kommen werden, die man sich erst dann kaufen kann, die man kaufen will, kaufen muss – und sich dann freut, weil man auch schon eine Steckdose dafür hat. Neu ist für mich außerdem: Wo eine Tür ist, gehört ein Lichtschalter hin, darunter eine Steckdose, und zwar eine sogenannte »Putzsteckdose«. Für den Staubsauger. Was ich auch noch nicht weiß: dass ich eigentlich ganz gerne eine Heimkinoanlage im Wohnzimmer hätte, mit fünf Lautsprechern – und selbst wenn ich die jetzt nicht gerne hätte, sondern vielleicht erst später, sollten wenigstens die Kabel schon mal verlegt werden, denn Topluc sagt: »Machen Sie das jetzt, solange die Wände noch offen sind. Später ärgern Sie sich nur.«

Das leuchtet mir sofort ein, denn ich will mich später ja tatsächlich nicht mehr ärgern, später will ich ja gänzlich ohne Ärger wohnen, leben – und außerdem telefonieren und im Internet unterwegs sein, und auch dafür, für diesen Wunsch, hat Topluc Ideen. Er schlägt vor, in jedem Raum einen Auslass für

das Kabel zu legen, natürlich auch im Badezimmer, selbstverständlich auch im Kinderzimmer – über die Küche müssten wir
ja nicht reden. Topluc zeichnet in den Grundriss Symbole, die
ich zum letzten Mal im Physikunterricht der sechsten Klasse
gesehen habe, er zeichnet sie hierhin und dorthin. Dann ent-
deckt er eine freie Wand, eine Wand im Schlafzimmer zwischen
zwei Fenstern, nicht breiter als anderthalb Meter. Topluc sagt:
»Da haben Sie ja jetzt gar nichts.« Es kostet mich Zeit und Mühe,
ihm zu erklären, dass ich eine Wand ganz ohne Dosen auch mal
sehr schön fände, schön und, nun ja, auch überraschend. Gera-
dezu widerwillig akzeptiert er meinen Einwand. Als wir fertig
sind, sage ich zu ihm, dass das ja alles schön und gut sei, dass
ich aber von den meisten Dosen im Haus nichts hätte, solange
ich keinen Telefonanschluss hätte. Und ob er sich auch darum
kümmern würde. Topluc schaut Töhlke an, der ein leidvolles
Gesicht macht, dann schauen beide mich an, und Töhlke sagt,
dass ich mich um den Telefonanschluss leider selber kümmern
müsse, damit hätten die beiden nichts zu tun. Und darüber seien
sie auch ganz froh.

***

Am Montag rufe ich bei der Telekom an. Mit etwas Stolz habe
ich es die letzten zwanzig Jahre geschafft, ohne Witze oder Be-
schwerden über die Telekom durchs Leben zu kommen, ich
habe meine Mitmenschen mit langweiligen Geschichten über
telefonische Warteschlangen und absurde Briefe immer verschont. Tatsächlich glaube ich sogar, dass die meisten Menschen schlichtweg zu dumm sind, um einen Telefonanschluss
zu bestellen, und dass es eben nicht an der Telekom liegt, wenn
etwas nicht so funktioniert, wie es der Kunde gerne hätte. Ich
gehe sogar noch einen Schritt weiter: Die meisten Menschen
in Deutschland, die mit der Bahn fahren, können das nicht

(abgesehen davon bin ich der Meinung, dass 90 Prozent aller Zuschauer eines ganz normalen »Tatorts« nach fünf Minuten der Handlung nicht mehr folgen können und dass ihre Wut auf dummes Fernsehen daher kommt, dass sie selber zu dumm sind, um das Fernsehen zu verstehen). Die meisten Menschen, die mit der Bahn fahren, sind zu dämlich, um auf Bahnhöfen umzusteigen beziehungsweise in den richtigen Zug zu steigen – dass man dann nicht pünktlich irgendwo ankommt, liegt auf der Hand. Ich bin auch noch nie mit dem Zug gefahren, ohne einen Sitzplatz zu bekommen – warum nicht? Weil ich nicht so bescheuert bin und da in den Zug einsteige, wo die Rolltreppe zum Gleis endet. Machen aber die meisten. Fahren mit der Rolltreppe bis zum Gleis und bleiben dann da stehen. Machen auch die, die eine Sitzplatzreservierung haben, weil ihnen die Existenz und der Gebrauch des sogenannten Wagenstandanzeigers mindestens schleierhaft sind. So sieht man in deutschen Zügen immer wieder, dass die Menschen versuchen, in den mittleren Wagen einzusteigen, dann rennen sie durch den Zug, um ihren Platz zu finden (sofern sie reserviert haben) oder einen freien Platz zu ergattern (was dadurch erschwert wird, dass ja alle im selben Wagen nach einem Platz suchen). Menschen mit Sitzplatzreservierung lesen auf ihrer Sitzplatzreservierung oftmals nur die Nummer des Sitzplatzes, vergessen dabei aber die Wagennummer, so als ob es in einem Zug von zweihundert Metern Länge nur einen Sitzplatz mit der Nummer 43 gebe. Bahnprofis, also die Menschen, die sich nie beschweren, steigen, falls sie keine Sitzplatzreservierung haben, natürlich am Ende ein, also da, wo niemand steht, oder aber im Bordbistro, wo man ja schließlich auch sitzen kann – übrigens kann man da besser sitzen als essen, aber man erwartet ja auch nicht von einem guten Restaurant, dass es einen von Berlin nach Hamburg fährt. Abgesehen davon, komme ich mit der Bahn wirklich äußerst selten zu spät irgendwo an, ich bin allerdings noch nie mit dem Flugzeug pünktlich irgendwo gelandet, sondern meistens zu spät – ich habe aber noch nie jemanden im Flugzeug erlebt, der sich über diese Verspätung aufgeregt hätte.

So. Ich wähle also die Nummer der Telekom, ich warte, sage laut und deutlich »nein«, als ich gefragt werde, ob das Gespräch aufgezeichnet werden darf, und sage ansonsten dauernd: »Berater, Berater, Berater« – ein kleiner Trick, den mir mal ein Telekom-Mitarbeiter verraten hat. Nach drei Minuten spreche ich mit einem Berater und sage ihm zunächst, dass ich seit Jahren ein zufriedener Kunde der Deutschen Telekom sei. Das scheint ihn zu freuen, er fragt mich, was er für mich tun könne, und ich sage ihm, dass ich gerne mit meinem Telefonanschluss umziehen möchte. Ich bin schon oft mit meinem Telefonanschluss umgezogen, in meiner vierten Berliner Wohnung habe ich immer noch die Nummer aus der ersten Berliner Wohnung, denn die Nummer ist nicht schlecht und meine Mutter kann sie auswendig. Der Berater tippt irgendwas und fragt mich dann, wo der neue Anschluss hinsolle, und ich nenne ihm die Adresse des Hauses. Wieder Tippen. Immer noch Tippen. Erneutes Tippen. Dann sagt der Berater: »Die angegebene Adresse existiert nicht.« Ich sage ihm, dass die natürlich existiere, da stünde ja schließlich ein Haus, mein Haus, das wüsste ich zufällig ganz genau, und daneben stünden außerdem auch Häuser. Wieder Tippen. Immer noch Tippen. Erneutes Tippen. Dann sagt der Berater: »Da steht kein Haus.« Ich versichere dem Mann, dass da ein Haus steht, vor zwei Tagen erst stand ich ja in diesem Haus, ein Haus aus Stein, Wände, man kann es anfassen, man sieht es, ganz deutlich: ein Haus. Der Berater sagt: »In meinem System ist da kein Haus.« Ich werde langsam, ganz langsam, ein klein wenig ungehalten, dennoch sage ich zu ihm: »Ich versichere Ihnen, dass da ein Haus steht. Könnten Sie dann jetzt freundlicherweise den Umzug in die Wege leiten?« Jetzt wird er langsam, ganz langsam, ein klein wenig ungehalten. Er sagt, dass er keinen Umzug in die

Wege leiten könne zu einer Adresse, die es nicht gibt. An einen Ort, an dem kein Haus steht. Das könne er nicht machen. Das ginge nicht. Das sei quasi unmöglich. Das müsse ich verstehen. Ich sage ihm, dass ich das nicht verstehen könne, denn schließlich stünde an der Adresse ein Haus, ich hätte sogar in jedem Zimmer eine Telefonbuchse, aber damit diese Telefonbuchsen auch sinnvoll seien, brauchte ich einen Telefonanschluss. Nicht heute, nicht morgen, aber in den nächsten Monaten, denn ich möchte nicht in das Haus ziehen, ohne telefonieren und ins Internet zu können, denn, das klinge jetzt vielleicht albern, ich hätte einen Job, in dem ich diese Dienste in Anspruch nähme – ich wolle nicht Onlinepoker spielen, keine Scherzanrufe machen, ich brauchte einen Telefonanschluss, um meinen Beruf auszuüben, ich hätte sogar in dem Haus, das an dieser Adresse so gut wie fertig stehe, ein Arbeitszimmer, das aber nur einen Sinn habe, wenn ich in diesem Zimmer auch arbeiten könne, was ich aber leider ohne Telefonanschluss nicht könne, ohne Telefonanschluss wäre ich im Prinzip arbeitslos. Ob er möchte, dass ich arbeitslos werde?

Er sagt, dass er das nicht möchte, wirklich nicht, aber er könne nun einmal keinen Telefonanschluss legen lassen, wo nichts sei, und dass er das Gespräch jetzt gerne beenden würde. Dann legt er auf. Und ich denke, dass diese Telekom ein wirklicher Scheißladen ist.

***

Ich rufe Töhlke an, noch geht das ja, noch kann ich telefonieren, noch kann ich anrufen, wann und wen ich will. Ich erzähle ihm von meinem Gespräch mit dem Telekom-Berater, ich benutze drastische Ausdrücke, ich versuche ein paar Witze einzustreuen und fühle mich plötzlich dem deutschen Volk näher als jemals zuvor. Töhlke sagt, er kenne das Problem leider, eine unschöne

Sache sei das, es gebe sogar im ersten Bauabschnitt welche, die wohnten schon seit über einem Jahr dort und hätten immer noch keinen Telefonanschluss. Aber ihn, Töhlke, und den Bauträger treffe keine Schuld, sie hätten alles in ihrer Macht Stehende getan, die Telefonleitungen lägen an der Straße, die Schächte zu den Häusern seien da, den Rest könne nur die Telekom veranlassen, und er wisse auch nicht, warum sie das nicht tue. Er könne mir da leider auch nicht helfen, er sei dafür nicht zuständig, denn schließlich hätte ich ja kein Haus mit Telefonanschluss gekauft, sondern nur ein Haus. Nur ein Haus. Ich danke ihm und lege auf.

***

»Ich bin ein Telekom-Opfer«, sage ich zu Johannes, nachdem ich ihm die ganze Geschichte erzählt habe. Er schlägt mir vor, ich könne mich ja bei dem Sat.1-Moderator Ulrich Meyer melden, der die Sendung »Akte« verantwortet – vielleicht würden die sich ja um mich kümmern. Es schmerzt mich zu sehen, dass er sich über diesen mehr als mittelmäßigen Witz offensichtlich auch noch freut. Ich frage ihn, wie es denn bei ihm so voranginge, und dann erzählt er mir furchtbare, grauenhafte Geschichten über die Baugruppentreffen, zu denen er im Moment zweimal in der Woche muss. Er berichtet von Abstimmungen über Sträucher, die im Hof gepflanzt werden müssen oder sollen oder können, davon, dass sich die Käufer des Vorderhauses weigern, sich an den Kosten für den Weg zum Hinterhaus zu beteiligen, weil sie diesen Weg ja niemals gehen würden. Er sagt, dass das alles vielleicht doch keine so gute Idee sei, aber wenigstens hätten sie eine Lösung für das Telefonproblem. Ich schaue ihn verdutzt an und frage, was er meint, und er sagt, es gebe bei der Telekom eine Stelle für Bauherren. Diese Stelle habe eine eigene Nummer. Und diese Nummer hätte er. Er würde sie mir auch geben. Wenn ich heute zahlen würde. Als ich ihm sage, dass ich zahlen werde, bestellt er noch zwei Bier. Die Nummer schreibt er mir auf einen Deckel.

***

Ein Herr Jalitz meldet sich, und zwar nach zweimaligem Klingeln und einfach nur mit seinem Namen. Ich frage ihn, ob ich bei ihm richtig sei, ob das die Stelle der Telekom für Bauherren sei. Herr Jalitz sagt, dass das so weit stimme, und ich erkläre ihm, was ich von ihm will. Dass ich mit meinem Telefonanschluss umziehen möchte, dass ein Kollege von ihm aber meinte, dass da, wo ich hinziehen will, gar kein Haus stünde. Was wir denn da jetzt machen könnten. Jalitz, offensichtlich ein Berliner in zweiter oder dritter Generation, stellt zunächst fest, dass »wir« da gar nichts machen würden, sondern nur »er«, und »er« könne da sehr wohl was machen, denn die Probleme mit der Adresse kenne »er« sehr gut, denn ich sei nicht der Einzige, der bisher in dieser Sache bei »ihm« angerufen habe. Als ich ihn frage, ob denn jetzt alles seinen Gang gehe, sagt Jalitz, er wisse beim besten Willen nicht, ob alles seinen Gang gehe, er wisse aber ziemlich sicher, dass ich einen Telefonanschluss hätte, wenn ich in mein Haus zöge. Wann das denn eigentlich wäre, will er noch wissen, und ich sage, wahrscheinlich so Ende des Jahres. Jalitz meint, da würde er doch mal kurz laut lachen und mir Formulare zuschicken, die ich bitte ausfüllen und dann an ihn zurücksenden möge, aber ich solle mich bitte nicht beeilen, denn wenn er sich jetzt um die Sache kümmere, dann würde alles »ratzfatz« gehen. Als ich auflege, bin ich mir nicht sicher, wer von uns beiden sich jetzt vom anderen verarscht fühlt.

***

Ich sage meiner Frau, dass es langsam Zeit für das Parkett sei, wir müssten es aussuchen, sonst kämen wir in Teufels Küche. Meine Frau fragt mich, ob in Teufels Küche wohl eher Parkett liege oder Fliesen, aber die Antwort kennen wir beide, in Teufels Küche liegen Fliesen, ebenso wie in Teufels Wohnzimmer, in Teufels Schlafzimmer und in Teufels Arbeitszimmer. Überall Fliesen. Fliesen sind auch einfacher.

Ich hatte keine Ahnung, nicht die geringste, wie viele Läden es in Berlin gibt, in denen man ausschließlich Parkett kaufen kann. Noch weniger Ahnung hatte ich davon, wie viel Geld man für Parkett ausgeben kann – in einem Laden sahen wir einmal Parkett, das uns gut gefiel, der Quadratmeter koste 120 Euro, sagte der Verkäufer. Es handle sich, so der Verkäufer, um sehr gutes Parkett.

Unser Haus hat ungefähr 150 Quadratmeter. Wenn man mal die Bäder abzieht, in denen ja tatsächlich Fliesen liegen, bleiben immer noch 130 Quadratmeter, wir würden also für das Parkett im Haus 15 600 Euro bezahlen. Ich habe den Verkäufer gefragt, ob das Verlegen in dem Preis mit drin sei. Er hielt die Frage aber für einen Scherz.

Wir sind mit Töhlke im Haus verabredet, auf dem Weg sage ich zu meiner Frau, dass es fast fertig sei, und sie sagt, das hätte ich am Samstag schon erzählt, als ich vom Milcheinkaufen zurückkam. Töhlke empfängt uns an der Straße, unter seinem Arm hat er Parkettmuster, er begrüßt uns mit dem Satz: »Ihr Haus ist fast fertig – eigentlich fehlt ja nur noch das Parkett. Und ich habe auch noch eine Überraschung für Sie.«

Wir gehen mit Töhlke ins Haus, die Wände sind noch nicht verputzt, aber im Haus sind mehrere Bauarbeiter mit den Fenstern beschäftigt, es herrscht reges Treiben, aber vielleicht hat Töhlke die auch alle herbestellt wie Statisten in einem Monumentalfilm.

Töhlke geht mit uns zur Terrassentür, die Sonne scheint ins

Haus, wir bekommen eine Ahnung davon, wie es einmal sein wird, wenn der Garten fertig ist, wenn es Sommer ist – da, wo einmal der Garten sein soll, ist allerdings noch ein riesiges Loch, das hatte Töhlke auch irgendwann mal gesagt: Haus ist das eine, Garten das andere, wenn wir einziehen, wird der Garten nicht fertig sein, noch lange nicht. Das hatte ich verdrängt und ich verdränge es noch. Töhlke legt die Parkettmuster auf den Boden, damit wir sehen, wie sie im Raum wirken, wie sie mit der Sonne wirken, drei erwachsene Menschen starren jetzt auf den Boden und schauen sich an, wie Holz daliegt. Abwechselnd gehen wir in die Hocke und streichen über das Parkett. Wieder aufstehen. Weiterschauen. Noch mal in die Hocke. Dann steht plötzlich der Elektroinstallateur vor mir und sagt, dass das ja sehr gut sei, dass ich da bin, wir müssten jetzt mal schauen, wo die Lichtauslässe sein sollen – am besten fingen wir oben an. Ich sage zu meiner Frau, sie könne sich ja noch ein bisschen das Holz anschauen, und gehe mit dem Mann nach oben.

Dort gehen wir durch das Kinder- und das Schlafzimmer, im Kinderzimmer beschließen wir drei Lichtauslässe, einen in der Mitte, dann jeweils im gleichen Abstand von der Mitte noch einen, im Schlafzimmer ist es einfach, da einigen wir uns auf einen in der Mitte. So gehen wir Raum für Raum durch, wir brauchen dafür eine Viertelstunde, dann gehe ich zurück zu meiner Frau, die immer noch auf das Holz schaut, mittlerweile hat sie es aber an ein anderes Fenster gelegt. Anderes Fenster, anderes Licht, ihre Vorgehensweise scheint mir logisch. Dann sehe ich, dass der Elektroinstallateur mit einem anderen Mann nach oben geht. Weil ich nicht weiß, was das soll, folge ich den beiden und muss erleben, dass der Elektroinstallateur dem anderen Mann sagt, wo die Lichtauslässe hinsollen. Er erklärt es ihm mit den Worten, mit dem ich es ihm vor zwanzig Minuten auch erklärt habe. Der andere Mann nickt, ich vermute, dass er der ausführende Installateur ist.

»Das da«, sagt plötzlich meine Frau. Ich schaue nach unten, auf das Parkettmuster, auf das meine Frau zeigt. Ich schaue Töhlke an, er sagt: »Wie Sie wollen. Eiche. Schön lang, schön breit. Beste Wahl. Komplett drin im Kaufpreis.«

»Und das kann man klebend verlegen?«, frage ich ihn.

»Kann man klebend verlegen.«

»Und das hält?«

»Normal hält das.«

»Mit Küche drauf?«

»Mit Küche drauf, ja.«

»Fußbodenheizung kein Problem?«

»Nee, kein Problem.«

»Alles ohne Aufpreis?«

»Ohne Aufpreis. Haben wir auch alles da. Können wir sofort loslegen, wenn der Estrich trocken ist.«

»Wann ist der trocken?«

»In zwei Wochen. Vielleicht. Eher drei. Keine vier.«

Ich schaue meine Frau an, schaue Töhlke an, dann sage ich: »Machen wir so.«

In der Zwischenzeit sehe ich, wie der Mann, den ich als ausführenden Installateur erkannt haben wollte, mit einem Jungen spricht, der siebzehn, höchstens achtzehn Jahre alt ist, er befindet sich in keinem guten Zustand. Offensichtlich gehört er zu den jungen Menschen, für die der Freitagabend und die Freitagnacht noch eine Zeit der Magie sind, der Magie und des Exzesses, tatsächlich wirkt er wie ein zugekiffter Alkoholiker, vielleicht tue ich ihm mit dem Befund aber auch unrecht und er gehört zu dieser Avantgarde, die sich bereits mit Crystal Meth zudröhnt oder mit diesem Teufelszeug, das »Krokodil« heißt. Seinen Bewegungen und seinem Ausdruck nach ist er mit Sicherheit kein Anhänger der bei jungen Menschen aus Marzahn oder Hellersdorf so beliebten Droge mit dem Namen »Hitler Speed« – ich habe ein wenig Angst, dass der Junge mein Haus vollkotzt oder in einer Ecke seine Notdurft verrichtet, denn natürlich sind zu diesem Zeitpunkt die Bäder noch nicht eingebaut. Aber er steht, noch steht er und hört sich an, was sein Vorgesetzter, der ausführende Installateur, zu sagen hat, und er sagt ihm, wo die Lichtauslässe hinsollen. Unsere Lichtauslässe. Die soll also dieser bemitleidenswerte Junge jetzt anbringen. Und ich dachte, das sei Chefsache.

Ich bin kein Verfechter der Chefarztbehandlung, wenn ich operiert werden müsste und man würde mir im Krankenhaus sagen: »Herzlichen Glückwunsch, der Chefarzt macht Sie auf«, dann würde ich schreien und protestieren und nach dem Assistenzarzt verlangen, denn der Chefarzt macht ja kaum noch Leute auf, der macht Chefsachen, der sitzt am Schreibtisch, der ist müde vom Leuteaufmachen, während für den Assistenzarzt jede Operation noch ein Hochamt ist. Mit dem Versprechen auf Chefarztbehandlung werden sich die privaten Krankenkassen irgendwann ruinieren, da bin ich mir ganz sicher. Aber hier geht es um wichtigere Dinge als um eine Operation, hier geht es um Licht, um mehr Licht, das kann keinem jungen Chemiewrack anvertraut werden, die Aufgabe, die Verantwortung ist zu groß, das muss doch der Chef machen, aber gerade als ich einschreiten will, kommt Arndt, der Tischler, in unser Haus.

»Habe mir gedacht, dass ich euch alle hier treffe«, sagt Arndt, und ich stelle ihm Herrn Töhlke, den Bauleiter, vor. Arndt sagt, er würde gerne das Aufmaß nehmen, denn jetzt werde es ja langsam ernst, und Töhlke sagt, dass das stimme und dass das gehe, das mit dem Aufmaßnehmen, und während Arndt technische Gerätschaften aus seiner Tasche holt, sagt er mir, dass die Küchengeräte bei ihm angekommen seien und dass die doch alle einen sehr guten Eindruck machten und vor allem mit der Eiche zusammen sehr gut aussähen. Der Ofen sei halt ein bisschen klein, aber nun gut. Ich spüre den fragenden Blick meiner Frau. »Wie meinst du das jetzt genau? Das mit dem klein?«

»Bisschen klein ist der Ofen halt. Eine Gans kriegt man da nicht rein.«

»Keine Gans?«

Arndt schüttelt den Kopf. Töhlke grinst. Meine Frau ist sauer. Arndt sagt: »Aber ihr habt euch die Sachen ja vorher angeschaut, oder?«

»Nicht direkt.«

Alle schauen mich an – so fühlt man sich also, wenn man »Hitler Speed« genommen hat, alles beschleunigt sich, ich schwitze, ich ringe nach Worten, die Dinge verschwimmen, da steht der Junge vor mir, schaut durch mich durch und sagt: »Im Kinderzimmer vier Auslässe? Echt?«

»Nein. Drei. Drei Auslässe. Nicht vier.«

»Ah, okay, hab mich schon gewundert.« Dann schwebt er wieder nach oben.

»Ich muss mal kurz telefonieren«, sage ich und wähle die Nummer des Küchenelektrogeschäfts. Ich entferne mich etwas von der Gruppe und beginne das Gespräch, ich frage, dabei flüstere ich fast, was ich denn eigentlich für einen Ofen bestellt hätte.

»Einen Kompaktofen«, sagt die Frau am anderen Ende der Leitung. »Habe ich mich auch schon drüber gewundert.«

»Ich habe da einen Fehler gemacht. Wir brauchen natürlich einen richtigen Ofen. Keinen kompakten. Sondern einen, in den auch eine Gans passt.«

Sie zählt mir meine Möglichkeiten auf, ich verstehe kein Wort, dann frage ich sie, welcher denn überhaupt schnell lieferbar sei und welchen sie nehmen würde, und sie sagt, dass der, den sie selber nehmen würde, den sie selber sogar habe und mit dem sie sehr zufrieden sei, Mitte kommender Woche in Berlin sein könnte.

»Dann tauschen wir aus«, flüstere ich ins Telefon. Sie sagt, dass das kein Problem sei, sie müsse mir dann aber eine neue

Rechnung schreiben, denn der größere Ofen sei natürlich auch ein bisschen teurer. »Natürlich«, sage ich und lege auf.

»War nur ein Missverständnis«, sage ich zu Arndt, Töhlke und meiner Frau. »Die haben den falschen Ofen geliefert. Wird ausgetauscht.« Und ich ahne, dass mir die drei kein Wort glauben.

Arndt ist mittlerweile fertig mit dem Küchenaufmaß, er scheint begeistert, zu Töhlke sagt er, dass er so etwas ja quasi noch nie erlebt hätte, die Maße des Grundrisses seien exakt richtig, es gebe keinen Unterschied. Töhlke tut wenig überrascht, an meine Frau und mich gewandt sagt er, dass er damit gerechnet habe. Arndt sagt, er mache dann jetzt noch die Aufmaße für den Kleiderschrank und für das Bücherregal und ich erinnere Töhlke an die Überraschung, von der er vorhin gesprochen hat. »Ach ja, kommen Sie mal beide mit«, sagt er und geht mit uns ins Erdgeschoss, durch die Schleuse, in die Garage.

»Das Tor ist da, eingebaut und funktionstüchtig – was sagen Sie jetzt?« Am Ende unserer Garage ist tatsächlich ein Tor, ein sogenanntes Rolltor, es hat überall kleine Löcher, wahrscheinlich wegen der Abgase. Töhlke drückt mir eine kleine Fernbedienung in die Hand, mit der man das Tor öffnen und schließen kann, ich drücke auf einen Knopf und öffne das Tor, ich drücke noch mal, und das Tor schließt sich. Auf und zu und auf und zu. Obwohl ich es nicht erklären kann, bin ich in diesem Moment ein glücklicher Mann.

»Toll«, sagt meine Frau. »Ich gehe noch mal nach oben. Herr Töhlke, begleiten Sie mich, ich hätte da noch ein paar Fragen.«

»Ich bleibe noch kurz hier«, sage ich und öffne das Tor, schließe das Tor, öffne das Tor.

Eine Garage war das Letzte im Leben, über das ich mir Gedanken gemacht hatte, wirklich das Letzte, weit nach der Fischfangtechnik der Indonesier und dem Gesamtwerk von Johannes Mario Simmel. Denn für mich war die Sache lange Zeit klar: Ich lebe in einer Stadt, da parkt man, wo Platz ist, eine Garage war immer ein Ort bei den Eltern, an dem es komisch roch und wo es nichts zu gucken gab. Seltsamerweise ist durch den Bau des Hauses aus der Garage jetzt eine Art Sehnsuchtsort geworden. Auf. Und zu.

Die Garage ist recht groß, zum Glück haben wir ein Auto, sonst wüsste ich gar nicht, was ich mit der Garage soll, womöglich würde ich ohne Auto daraus einen Völkerballplatz machen. Völkerball habe ich immer gerne gespielt. Allerdings habe ich keinen Keller, ich brauche also Platz, um die Sachen zu lagern, die man uns nicht klauen wollte, deshalb habe ich mir in den vergangenen Wochen auch viele Gedanken über die Garage gemacht: Wie kann man sie nutzen? Was soll da rein? Wie sieht sie am Ende aus? Es gibt im Internet unfassbar viele Angebote zu Lagerregalen, ich bin mittlerweile sicher, dass Deutschland die größte Lagerregalindustrie der Welt besitzt. Ich glaube, dass viele Lagerregale den Zweck erfüllen, dass man da Teile für Lagerregale drin lagern kann, anders ist das nicht zu erklären. Ich habe mir ein Lagerregal bestellt, ich war verblüfft, dass Lagerregale günstiger sind als zum Beispiel Billy-Regale. Eine Wand der Garage wird komplett aus Regal bestehen, in dieses Regal tue ich alles rein, was ich im vom Tischler gezauberten Stauraum nicht unterbringen kann: Umzugskisten, Skischuhe, den alten Computer meiner Frau, den sie aus unerklärlichen Gründen nicht wegschmeißen will, Marmeladengläser. Und Getränkekisten. Ich habe mir seit über zehn Jahren keine Getränkekisten mehr gekauft, aber vor kurzem hatte ich einen Traum, und der ging so: Ich fahre mit dem Auto in einen Getränkemarkt und kaufe: Kiste Wasser, Kiste Cola, Kiste Bier, Kiste Saft. Alles in den Kofferraum. Ich fahre los. Parke in der Garage. Steige aus. Kofferraum auf. Kisten raus. Und dann stelle ich sie behände in mein Lagerregal, und wenn ich Durst auf was auch immer habe, gehe ich in die Garage und hole mir eine Flasche.

Ich erzählte Johannes von diesem Traum. Ich sagte ihm, wie

schön das wird, das Ende der Schlepperei, der Anfang meines Lebens mit Kisten. Johannes sagte: »Und nach zwei Wochen hast du keinen Bock mehr, die Kisten aus dem Kofferraum zu tragen.«

Tor auf, Tor zu, ich verlasse die Garage, um meine Frau zu suchen, ich finde sie mit Arndt und Töhlke im Gästebad, Arndt erklärt gerade, dass die Waschmaschine und der Trockner nicht an der Längsseite stehen könnten, sondern an der schmalen Seite stehen müssten, unter der Treppe, alles andere wäre Quatsch. Töhlke streicht sich über das Kinn und sagt, dass er recht habe und er werde jetzt schnell dem Installateur Bescheid sagen wegen der Anschlüsse. Er sagt, es sei gut, dass wir das jetzt noch gesehen hätten, sonst wäre es zu spät gewesen. Meine Frau bittet Arndt, noch einmal schnell durch das ganze Haus zu gehen. Mit dem Rest aber ist er einverstanden.

***

Das Haus ist im Prinzip fertig. Das sage ich meiner Frau, als wir im Auto sitzen. Ich sage: »Im Prinzip ist es fertig.« Meine Frau sieht mich an und sagt: »Spinnst du?!«

Aber meine Frau kann nicht sehen, was ich sehe. Sie sieht: Löcher in den Wänden, kahle Wände, Schmutz, Staub, Dreck. Ich sehe Steckdosen, fabelhafte Putzarbeiten – und das gerade ausgesuchte Parkett. Meine Frau sagt, wenn ich im Rohbau stehe, dann mache ich immer so wuchtelige Bewegungen mit den Armen, wenn ich sage: »Hiiiiieeeer steht dann das Regal.« Ich sage: »Abgesehen vom Parkett – so ein Parkett legt ein guter Parkettleger in zwei Tagen rein.«

»Ja, vielleicht, aber der Estrich trocknet jetzt schon seit Wochen vor sich hin. Vielleicht war das mit dem Klebendverlegen doch keine so gute Idee.«

Ich habe meine Frau offensichtlich zu lange mit Töhlke allein gelassen, ich habe nicht aufgepasst. Wahrscheinlich hat er ihr gesagt, dass wir schon längst in dem Haus wohnen würden, wenn wir uns doch für Fliesen entschieden hätten. Jetzt ist es zu spät, jetzt ist es für alles zu spät, und nach gefühlten Jahren des Schauens, Klopfens, Wiegens, Hinlegens, Vergleichens haben wir uns heute für Eiche Natur in Landhausdielenoptik entschieden. »Wie Sie wollen«, hatte Töhlke vorhin gesagt.

Wie wir wollen? Als ob es darum ginge, wenn man ein Haus baut. Es ist eher ein Arrangieren mit den Möglichkeiten. Das Finden von Kompromissen. Das Lernen, dass man über das Aussortieren von dem, was einem nicht gefällt, langsam zu dem kommt, was einem gefällt. Und eine große Erkenntnis, die bleibt: Wenn die Wände schon mal offen sind, dann sollte man alle Kabel reinlegen, die es gibt. Sonst ärgert man sich. Irgendwann. Vielleicht.

***

Aber die Wochen, die dann folgen, sind Zeiten des Stillstands, Zeiten, in denen wir nichts tun können, in denen wir Gefangene sind, gefangen in unserer Hilflosigkeit, in unserer Wohnung. Töhlke sagt, wir könnten jetzt erst mal nichts tun, es habe keinen Sinn, sich zu treffen, es habe auch keinen Sinn, dass ich auf die Baustelle käme, es scheint mir fast so, als wolle er mir verbieten, bei meinem Haus zu sein.

Arndt, der Tischler, arbeitet an unserer Küche und an den Schränken und Regalen, Töhlke verspricht, unser Auge und unser Ohr zu sein und sich um die letzten Dinge zu kümmern, Herr Jalitz von der Bauherrenabteilung der Telekom hat von mir sehr viele ausgefüllte und unterschriebene Formulare bekommen zu dem Zwecke, sie zu bearbeiten, damit am Tage des Einzugs das Telefon klingeln könnte. Der Dauerauftrag für die Finanzierung des Darlehns ist eingerichtet. Tatsächlich haben wir nichts zu tun, die Dinge laufen.

Unsere Wohnung betrachte ich nur noch als Hotel, als etwas

Vorübergehendes. Ich ertrage die Wohnung, ich rege mich nicht mehr auf, weder über die Zimmer noch über das Haus noch über die Nachbarn – auch nicht über die Straße. Ich nehme das alles hin, ich entwickele eine Art von Gleichmut, ich warte ab. Manchmal frage ich mich, ob sie das ist, die Ruhe vor dem Sturm.

***

Während ich mich also in einer Art Wartestellung befinde, wird meine Frau plötzlich aktiv, so als hätte sie nur darauf gewartet, dass ich mich erschöpft zurückziehe. Es ist fast so, als würde sie meinen Erschöpfungszustand als Startsignal empfinden. Als habe sie sich bis zu diesem Moment zurückgehalten, denn als ich anfing und plante und machte und tat, schaute sie bloß zu, und jetzt, wo ich mich zurückhalte, plant sie und macht und tut.

»Ich habe hier mal aufgezeichnet, wie wir dann alles stellen«, sagt sie eines Abends zu mir und zeigt mir Grundrisse, in die sie die Umrisse unserer Möbel eingezeichnet hat. »Und hier«, sie legt eine andere Liste auf den Tisch, »habe ich mal aufgeschrieben, was alles fehlt, was wir noch brauchen.« Ich schaue auf die Liste und lese: Spiegel, Lampen, Vorhänge, Gartengeräte. Sie sagt, sie habe außerdem heute noch mal mit Töhlke telefoniert, sie habe da nämlich noch ein paar Fragen gehabt, die sie mit ihm aber jetzt geklärt habe. Und eigentlich will ich nicht wissen, welche Fragen das sind, ich will sie nicht kennen und die Antworten auch nicht, ich will eigentlich in meiner Wohnung ins Bett gehen und am nächsten Morgen im Haus wieder aufwachen, aber meiner Frau scheint gerade schlagartig klargeworden zu sein, dass sie ein Haus hat, ein Haus, um das man sich kümmern muss, ein Haus, das nicht von allein fertig wird. Ein Haus, das man seinem Mann nicht allein überlassen darf.

Einige Dinge, sagt meine Frau, seien ihr nämlich noch nicht

ganz klar gewesen, nicht unwichtige Dinge übrigens, über die wir noch gar nicht gesprochen hätten, zum Beispiel: Sie hätte gerne gewusst, in welcher Farbe eigentlich die Wände gestrichen würden, offensichtlich würden sie die jetzt weiß streichen, sie finde das auch gut so, und wenn ich keine Einwände hätte, was sie nicht erwarte, dann würde sie die Wände weiß lassen. Ich nicke. Dann sagt sie, dass sie gerne gewusst hätte, ob im Badezimmer im zweiten Obergeschoss eigentlich noch ein Heizkörper sei, zusätzlich zur Fußbodenheizung, und Töhlke habe ihr gesagt, dass da tatsächlich ein Heizkörper sei, und sie habe jetzt mal veranlasst, dass der da hinkäme. Sie zeigt auf den Grundriss. Ob ich irgendwas dagegen hätte. Ich schüttle den Kopf. Sie habe außerdem mal nachgefragt, wie das eigentlich mit den Fenstern im Kinderzimmer sei, ob die abschließbar, ob die sicher wären, ob ich wissen wolle, was Töhlke dazu gesagt habe. Ich nicke, und meine Frau sagt, dass die abschließbar und sicher seien, und dann habe sie Töhlke noch gefragt, ob man unten im Flur nicht eine Fußmatte ins Parkett einlassen könne, damit man sich da gleich die Füße abtreten könne, aber das ginge nicht, habe Töhlke gesagt und darauf hingewiesen, dass das mit Fliesen ja kein Problem gewesen wäre, aber nun gut.

»Hat Töhlke sonst noch was gesagt?«, frage ich meine Frau. Sie überlegt, dann sagt sie, er habe ihr noch mitgeteilt, dass der Estrich ganz schlecht trockne, weshalb sich das Parkettkleben noch ein wenig verzögern würde. »Aber Weihnachten seien wir drin.«

»Weihnachten?« Ich schaue meine Frau aus müden Augen an. Sie nickt. Und sagt, dass das doch ganz gut wäre, schließlich gebe es ja noch ganz viele Dinge zu erledigen. Ich sage ihr, dass ich die Wohnung dann zum Ende des Jahres kündigen werde.

***

Zwei Wochen später ruft mich Töhlke an und fragt mich, zu wann ich denn die Wohnung gekündigt hätte. Ich sage ihm, dass ich das zum Ende des Jahres gemacht hätte, wegen Weihnachten. Weil er doch meiner Frau gesagt habe, Weihnachten wären wir in der Wohnung.

»Theoretisch kriegen wir das auch hin«, sagt Töhlke, aber er glaube, es sei besser, wenn ich die Wohnung erst zu Ende Januar kündigen würde. »Sicher ist sicher«, sagt Töhlke. Dann würde das alles nicht so hektisch ablaufen. Und weil es eh schon egal ist und weil die vier Wochen keine Rolle mehr spielen, kündige ich die Wohnung zum 31. Januar. Ich bestelle die Umzugsfirma für den 30. Januar. Ich frage mich, ob das der letzte Umzug meines Lebens sein wird.

***

Wir nahmen unser Haus am 4. Januar ab, den Jahreswechsel verbrachten wir in einem Haus an der Ostsee, wir wollten in ein Haus, wir wollten keine Wohnung, wir wollten schon einmal üben, wie alles werden würde. Bevor wir an die Ostsee fuhren, telefonierte ich noch einmal mit Töhlke, kurz nach Weihnachten war das, er versicherte mir, dass er natürlich auch zwischen den Jahren arbeiten würde, vor allem wegen uns, um uns ins Haus zu bringen. So ähnlich drückte sich Töhlke aus, und am Telefon sagte er zu mir: »Boden, Türen, Fenster, Heizung – alles drin.« Ich fragte ihn, ob ich mich auf ihn verlassen könne – oder ob ich noch mal vorbeifahren solle, ich könnte in fünf Minuten bei meinem Haus sein, das sei kein Problem, aber Töhlke meinte, ich solle jetzt in den Urlaub fahren, er habe die Dinge im Blick, ich könne mich auf ihn verlassen. Am Ende wollte er noch wissen, ob wir zu dem Abgabetermin einen Gutachter mitbringen würden. Ich sagte ihm, dass wir das natürlich täten. Dann legte ich auf.

»Wir haben gar keinen Gutachter«, sagte ich zu meiner Frau und meine Frau fragte: »Und nun?« Ich rief Oliver an, ich bat ihn mitzukommen zum Abnahmetermin, ich bat ihn, unser Gutachter zu sein. »Soll ich streng sein oder eher so mittelstreng?«, fragte er. Ich überlegte, dann sagte ich: »Mach's einfach nicht noch schlimmer.«

***

Am Tag der Abnahme ist es kalt, grauenhaft kalt, über Nacht ist Schnee gefallen, viel Schnee, aber als wir vor unserem Haus stehen, scheint die Sonne – es ist ein klarer, sonniger Tag.

Töhlke schließt die Tür auf, ich schaue als Erstes nach unten, auf den Boden, ich sehe das Parkett, keine Fliesen, in dem Moment denke ich, viel schiefgehen kann jetzt eigentlich nicht mehr.

Die Abnahme dauert eine Stunde, Oliver fallen drei Mängel auf, mit drei Mängeln können wir leben. Tatsächlich aber sind mir selbst diese drei Mängel egal – ich laufe durch das Haus, durch unser Haus, und versuche, irgendwas zu fühlen, Glück zum Beispiel, Glück wäre gut, oder zumindest Zufriedenheit, aber in mir ist plötzlich eine große Leere, ich fühle nichts. Oliver verhandelt in der Zwischenzeit mit Töhlke, und während ich denke, jetzt ist also auch das für immer vorbei, sehe ich meine Frau, wie sie lächelnd durch das Haus läuft, so wie kleine Kinder im Sommer über eine Blumenwiese laufen. Ich frage sie, was los sei, und sie sagt: »Alles gut.«

Nachdem sich Töhlke die Mängel notiert hat, erfolgt die eigentliche Übergabe. Wir müssen das Übergabeprotokoll unterschreiben, dann überreicht er uns die Schlüssel und die Fernbedienungen für das Rolltor und das Tor der Tiefgarage. Er verspricht, dass die Mängel bis zu unserem Einzug beseitigt seien. Dann gibt er uns die Hand und sagt: »Herzlichen Glückwunsch. Mit diesem Augenblick sind Sie mich los, mein Job ist erledigt.« So verschwinden Menschen aus dem Leben anderer, mit einem Händedruck. Was einem bleibt, sind Schlüssel und Fernbedienungen.

*＊＊

Einen Tag nach der Übergabe kommt Arndt in das Haus, für das Aufbauen der Küche und der Schränke brauche er zwei Wochen, dann sei auch das erledigt, dann können wir rein, dann können wir umziehen, endlich. Diese Zeit nutzen wir für die Dinge auf unseren Listen. Ich rufe bei Jalitz an, um ihn zu fragen, ob denn alles so geschaltet sei, dass wir am 31. Januar telefonieren könnten, aber Jalitz sagt, dass sei jetzt wirklich ärgerlich und er hätte mich deswegen schon anrufen wollen, denn er finde die Formulare nicht, und ohne die Formulare, nun ja, ohne die könne man das jetzt wohl zu dem Termin leider nicht schaffen. Müsste ja schließlich alles noch freigeschaltet werden. Das würde ja noch ein bisschen dauern. Zu meinem eigenen Erstaunen – und wohl auch zum Erstaunen von Jalitz – blieb ein Tobsuchtsanfall meinerseits aus. Tatsächlich nehme ich das Gehörte zur Kenntnis, ich sage nur, dass das dann wohl so sei und ich darum bitte, mir diese Formulare noch einmal zu schicken, offensichtlich bliebe mir ja nichts anderes übrig. Ein bisschen enttäuscht sei ich ja schon, sage ich Jalitz noch, denn ich hätte gedacht, ich sei ein netter Kunde, der ihm und seinen Leuten das Leben nicht zur Hölle mache. Daraufhin sagt Jalitz, dass das ja das Problem sei. Ich solle ihm doch bitte am besten gleich eine furchtbar schlechtgelaunte Mail schreiben, in der ich ihn auch ruhig wüst beschimpfen könne, dann könne er die seinen Abteilungsleitern vorlegen, und dann würde ich mich aber wundern, wie schnell die Sache dann doch ginge. Ich frage ihn, ob das jetzt sein Ernst sei, und er sagt, ja, das sei sein voller Ernst, denn genau so würden die Dinge nun einmal laufen. Ich bedanke mich für den Hinweis und bedauere, dass ich diese grundlegende Information nicht vor anderthalb Jahren bekommen habe.

Tatsächlich erhalte ich innerhalb einer Stunde eine Antwort, die man nur devot nennen kann. Selbstverständlich werde man dafür Sorge tragen, dass der Telefonanschluss zum 31. Januar freigeschaltet sei, man bedauere die Unannehmlichkeiten außerordentlich, der Fehler sei aber ausschließlich bei der Telekom zu suchen. Und dann ist auch das geklärt.

Habe ich wirklich an alles gedacht? Habe ich nichts vergessen? Sollten die letzten Tage vor dem Einzug in unser Haus tatsächlich ein Spaziergang werden? Ich fahre zu unserem Haus, nachdem Arndt angerufen und gesagt hat, er sei fertig. Als ich ankomme, verstaut er gerade sein Werkzeug in seinem Lastwagen. »Komm«, sagt er, »ich zeige dir alles«, und dann ist es ein bisschen wie Weihnachten, kurz bevor man den Raum mit dem Baum betritt, kurz bevor man den ersten Blick auf die Geschenke wirft, die für einen unter dem Baum bereitliegen. Meistens erkennt man dann als Erstes, was alles fehlt.

Diesmal fehlt nichts, es ist alles da: die Küche, der Schrank, die Bücherregale – Arndt zeigt mir alles, und er tut es mit dem Stolz eines Handwerkers, mit dem Stolz eines Mannes, der die Dinge mit seinen Händen erschafft und baut. Mit dem Stolz eines Mannes, der mit seiner Arbeit zufrieden ist. Mit einem Stolz, den ich nicht kenne.

»Zufrieden?«, fragt er mich am Ende der Besichtigung.

»Ich muss meine Frau anrufen«, sage ich, rufe meine Frau an, sie kommt und schreit fast vor Glück.

**

Zwei Wochen später sitzen meine Frau und ich auf dem Boden unserer Wohnung und versuchen das in Kartons zu packen, wofür Menschen Begriffe wie Hausrat, Eigentum, Hausstand erfunden haben – all diese Dinge verlieren aber an Bedeutung, wenn man sie nur ganz schnell irgendwo hintun will, um sie dann ganz schnell wieder rauszuziehen, um sie wieder irgendwo hinzutun. Das sind die Momente, in denen man sich fragt, warum Gott vor das Wohnen den Umzug gesetzt hat – was er sich dabei wohl gedacht hat, aber ich glaube, es gibt keine Erklärung, die ich akzeptieren würde. Ich akzeptiere in diesem Zusammenhang nur die Weisheit meiner Großmutter: »Dreimal umgezogen ist wie einmal abgebrannt.«

Ich bin in meinem Leben schon zehnmal umgezogen, neunmal davon freiwillig, ich bin also schon dreimal abgebrannt, da wundert es mich tatsächlich, dass ich überhaupt noch was habe, was ich in Umzugskartons packen kann. Aber immerhin wird dieser Umzug ja der letzte sein in meinem Leben. Das habe ich auch so zu meiner Frau gesagt: »Das ist der letzte Umzug in unserem Leben.« Da hat meine Frau gelacht – und zwar genau so, wie sie schon so oft gelacht hat, seit wir angefangen haben, ein Haus zu bauen.

Freunde, die vor einem halben Jahr umgezogen sind, haben uns ihre Umzugskartons geschenkt. »Ihr könnt sie alle haben«, hatten sie am Telefon gesagt. Ich habe dann alle Kartons abgeholt, aber als meine Frau und ich jetzt jeden einzelnen aufklappen und die Dinge unseres Lebens reinschmeißen, stellen wir relativ schnell fest, dass die Kartons nicht reichen werden, dabei haben wir gar nicht so viele Bücher, wir haben eh nicht so viel Krims und Krams wie andere Menschen, aber beim Packen habe ich ständig etwas in der Hand und frage mich: Was ist das? Wer hat das gekauft? Wie werde ich das wieder los?

Im Baumarkt besorge ich dann die größten Mülltüten, die ich finden kann, zu Hause beginne ich dann damit, scheinbar Überflüssiges auszusortieren. Nach einer Stunde sind fünf Tüten voll. In meiner Begeisterung bitte ich meine Frau, es mir gleichzutun.

Nach einer Stunde hat sie zwei Paar löchrige Socken in die Tüte gesteckt. Sie sagt: »Wir brauchen noch mehr Umzugskartons.«

Ich fahre los und besorge mehr Umzugskartons, und als ich wieder zu Hause bin, und das Chaos inspiziere, wird mir der Sinn eines Umzugs schlagartig klar. Der Umzug hat den Sinn, dass man seine Wohnung für die letzten Stunden hassen lernt, denn nie ist eine Wohnung in einem erbärmlicheren Zustand als in dem Moment, in dem man sein Zeug zusammenpackt, um zu verschwinden. Die Wohnung – egal, was sie einem einmal bedeutet hat – löst sich auf, sie hört auf, als Wohnung zu existieren.

Wir packen und räumen bis spät in die Nacht, irgendwann ist alles in den Kartons oder in unseren Taschen, um den Rest, die Möbel, die uns begleiten werden, kümmern wir uns nicht, darum würden sich die Umzugsmenschen kümmern. Ich schaue auf die Uhr, sie werden in drei Stunden kommen, sie werden alles auf den Umzugswagen laden, die Kartons, die Taschen, die Möbel, dann würden sie damit losfahren, zum Haus, zu unserem Haus, und alles wieder abladen, während wir die Wohnung saubermachen würden, ein letztes Mal, um sie dann den Nachmietern zu übergeben. Wenn das getan ist, dieser letzte Akt, das große Reinemachen, würden wir uns in unser Auto setzen. Und nach Hause fahren.

Aber um sieben Uhr kommt kein Umzugswagen, auch nicht um halb acht, und um Viertel vor acht rufe ich bei dem Umzugsunternehmen an. Oh, sagt die Frau am Telefon, oh, da habe man sich wohl im Datum vertan, laut System sei unser Umzug erst in zwei Monaten, das täte ihr jetzt aber schrecklich leid. Meine Frau steht neben mir und flüstert: »Wassagendiewassagendie?« und versucht, meinen Gesichtsausdruck zu deuten. Sie interpretiert ihn so, dass gerade eine Katastrophe passiert, denn sie beginnt, Kartons umzuschmeißen.

Nachdem ich aufgelegt habe, versuche ich meine Frau zu beruhigen und mich gleichzeitig nicht aufzuregen. Ich schlage ihr vor, dass ich mich jetzt sofort auf den Weg machen würde, um bei einem Autoverleih, der auf Umzugslaster spezialisiert sei, einen Umzugslaster zu besorgen. Währenddessen solle sie bitte alle, aber auch wirklich alle, die wir kennen, anrufen und bitten, sofort hierherzukommen. »Dann muss es eben so gehen«, sage ich zu ihr. Sie nickt und nimmt das Telefon, ich verlasse das Haus.

Eine Regel, die man in keinem Regelbuch findet, besagt, dass es verschiedene Dinge gibt, die man nicht mehr machen darf, wenn man älter ist als dreißig. Eines dieser Dinge ist: für seinen Umzug Freunde einzuspannen. Die anderen Dinge habe ich vergessen.

Ich miete den größten Wagen, den ich mit meiner Führerscheinklasse bekommen kann. Natürlich finde ich keinen Parkplatz vor unserem Haus, deshalb stelle ich mich auf den Bürgersteig – im Treppenhaus kommen mir meine Schwiegereltern entgegen, sie schleppen Zimmerpflanzen und sehen mich mit einem Blick an, in dem Zweifel liegt – Zweifel, ob ich wirklich derjenige bin, der auf ihre Tochter achtgeben könne.

Als ich in die Wohnung komme, stehen Oliver und Johannes vor unserem Sofa. Oliver fragt, ob ich Bier im Haus hätte. Ich schaue auf die Uhr, es ist halb zehn am Samstagmorgen.

IN IST, WAS DRIN IST

Ich wache auf. Die erste Nacht. Ich kann mich nicht daran erinnern, wann ich das letzte Mal so tief und fest geschlafen habe. Ich schaue mich um, da liegt meine Frau, in unserem Schlafzimmer, tatsächlich, wir leben jetzt also hier, zusammen. Trotz allem.

Als ich am Tag zuvor den Umzugswagen gemietet hatte und in die Wohnung zurückkam, da dachte ich, dass ich all das nicht kann, dass ich dazu nicht fähig bin. Ein Haus zu kaufen ist das eine, das hat mit Geld zu tun, mit viel mehr nicht. Der Kauf ist im Prinzip ein Witz, jeder Depp kann ein Haus kaufen. Das andere aber, dachte ich gestern Morgen, das andere ist eine Prüfung, ein Test, und wenn man den besteht, dann kann einem das Leben nichts mehr anhaben, aber wenn man scheitert, dann scheitert man komplett: als Mann, als Vater, als Mensch. Am Samstagmorgen hatte ich mich für mich gescheitert erklärt.

Ich hatte gesagt, ich würde etwas zu essen besorgen, belegte Brötchen, Kuchen, Kaffee, und während ich die Wohnung verließ, in der die anderen arbeiteten, fühlte ich mich wie auf der Flucht, wie jemand, der wegläuft, weil ihm alles zu viel wird, weil er sich mit einer Sache übernommen hat, weil er sich zu viel zugetraut hat, weil das Schicksal ihm gezeigt hat, wo sein Platz ist – oder besser: weil das Schicksal ihm gezeigt hat, dass es vielleicht gar keinen Platz für ihn gibt. Für den Bruchteil einer Sekunde, einer elendig langen Sekunde, dachte ich: Ich verschwinde jetzt, ich werfe hin, ich hau ab, ich kann es nicht zu

Ende führen. Bei den Olympischen Spielen habe ich im Fernsehen einmal den Marathonlauf gesehen, ich schaue mir bei den Olympischen Spielen immer den Marathonlauf an, weil man die Stadt kennenlernt und weil da sehr lange einfach nichts passiert, außer dass Menschen laufen – nichts passiert und alles ist in Bewegung, vielleicht ist das mein heimlicher Wunsch ans Leben. Bei diesem Marathonlauf jedenfalls sah ich einen Läufer, er kam gerade im Stadion an, im Stadion sind es noch einmal zwei Runden, dann ist es geschafft. Der Läufer machte einen guten Eindruck, er wirkte frisch, er sah nicht aus wie ein Mann, der schon seit zwei Stunden lief. Aber als er dann in die Zielgerade einbog, da hörte er plötzlich auf zu laufen, er blieb erst stehen, dann ging er in die Hocke, schließlich legte er sich auf die rote Tartanbahn. Sanitäter eilten zu ihm. Vielleicht konnte er nicht mehr, vielleicht war die Erschöpfung zu groß, die Kraft in den Beinen zu klein – aber vielleicht wollte er auch einfach nicht mehr, vielleicht erschienen ihm die letzten hundert Meter sinnlos, vielleicht hatte er einfach keine Lust mehr. Ich habe vergessen, welchen Platz der Läufer gemacht hätte, wenn er durchs Ziel gekommen wäre, aber darum ging es auch nicht, nicht mehr.

Vor fast zwei Jahren sagte Johannes zu mir, ich könne kein Haus bauen – und er hatte recht. Wer kann das schon? Auf dem Weg zum Bäcker fiel es mir ein: dass ich gescheitert bin mit diesem Versuch, dass ich gescheitert bin mit allem. Ich war nicht in der Lage, einen geeigneten Ort zu finden, meine Frau war gegen den Ort, sie sagte, der Ort müsse nicht sein, und wahrscheinlich hatte sie recht. Ich war nicht in der Lage, einen Grundriss zu erstellen, einen Grundriss für ein Haus, in dem meine Frau, meine Tochter und ich leben können. Ich war nicht in der Lage, eine Küche zu entwerfen, ich war nicht in der Lage, Küchengeräte zu bestellen, ich war nicht in der Lage, einen Telefonanschluss zu beantragen, ich war nicht in der Lage, dafür zu sorgen, dass unser Haus pünktlich fertig wird. Ich war nicht in der Lage, das

Parkett auszusuchen, ich war nicht in der Lage, Fliesen auszusuchen, ich war nicht in der Lage, zu sagen, wie ein Bad aussehen muss – ich war nicht in der Lage, mir mein zukünftiges Leben vorzustellen.

Ich konnte so vieles nicht verstehen und ich lernte so vieles auch nicht – wie die Finanzierung meines Hauses funktioniert, habe ich zum Beispiel nie verstanden. Aber das Schlimmste war, dass ich eine Sehnsucht nicht formulieren konnte, sie nicht meiner Frau erklären konnte und Johannes wohl auch nicht. Ich konnte ihnen nicht erklären, wie ich leben will, und vielleicht lag das daran, dass ich es selber nicht weiß. Und dann, zum Schluss, habe ich mich mit dem Umzugstermin vertan, so als ob ich mich selbst und das ganze Vorhaben torpedieren wollte. Ich kaufte Brötchen für vierzig Euro.

Als ich zurück in die Wohnung kam, standen unsere Umzugskisten im Hausflur, im Wohnungsflur, im Umzugswagen. Oliver und Johannes trugen meinen Schreibtisch die Treppe hinunter, meine Frau zeigte unserer Tochter, wie sie ihre Kuscheltiere am besten in eine Tasche packt. Alle waren damit beschäftigt, die Wohnung zu verlassen und so schnell wie möglich ins Haus zu kommen. Und ich hatte für vierzig Euro Brötchen gekauft.

Ich bin die Strecke von der Wohnung zum Haus viermal gefahren, wir arbeiteten mit zwei Teams, dem Team Wohnung, das Johannes leitete, und dem Team Haus, das Oliver leitete. Ich fuhr, meine Frau und meine Tochter waren in der Wohnung meiner Schwiegereltern, als wir alle unsere Sachen im Haus hatten, rief ich meine Frau an, unsere Tochter sollte die Nacht bei meinen Schwiegereltern verbringen, sie sollte das alles nicht sehen, sie sollte das Haus sehen, wenn es fertig ist, aber ein Haus – das wusste ich da allerdings auch nicht – wird niemals fertig.

Irgendwann am Abend stand dann alles in unserem Haus, die Kisten, die Taschen, die Möbel. In der Wohnung war nichts mehr, sie war leer, mehr als das: Sie war gesäubert, die letzte Aktion des Teams Johannes bestand darin, zu wischen und zu putzen und alle Hinweise auf unsere Existenz in dieser Wohnung zu vernichten. Die Nachmieter warteten bereits mit ihrem Möbelwagen auf der Straße. Als ich ihnen die Schlüssel überreichte, fühlte ich mich wie von einer Last befreit.

Meine Frau und ich räumten bis spät in die Nacht das Nötigste ein und rückten die Möbel an die Plätze, die wir auf dem Grundriss dafür vorgesehen hatten. Alles passte, alles machte Sinn, aber das sahen wir schon nicht mehr, wie arbeiteten im Blindflug, denn wir waren müde, fertig, erledigt, meine Bewegungen führte ich mechanisch aus, Johannes und Oliver brachten den Wagen zurück zur Autovermietung, weil ich diese anspruchsvolle Aufgabe nicht mehr hätte erledigen können. Ich war am Ende meiner Kräfte. Irgendwann kämpfte ich mir den Weg frei zum Bett, zog mich aus und ließ mich der Länge nach fallen. Und ich fiel.

***

Ich stand auf und ging zum Fenster, der erste Blick raus aus meinem Haus. Ich sah das Apartmenthaus gegenüber, ich sah den Hof, eine große Baustelle. Ich blickte mich im Zimmer um, Kartons, die noch nicht ausgepackt waren, der Kleiderschrank, den Arndt gebaut hatte. Vorsichtig schlich ich aus dem Zimmer, damit meine Frau nicht aufwacht.

Im Zimmer unserer Tochter stand ihr Bett und ihr Schrank, ihre Spielsachen und Bücher waren noch in den Kisten, sie schläft gerade bei meinen Schwiegereltern, dachte ich, dort ist sie in Sicherheit, wir würden sie am Abend holen, wenn alles fertig ist, wenn das Haus eingeräumt ist. Ich ging ins Bad, das erste Zimmer, das fertig war, alles stand an seinem Platz, ich stellte mich unter die Dusche ohne ein Hindernis zu überwinden. Die Fliesen gefielen mir.

In der Küche machte ich mir einen Espresso, in einem Karton fand ich eine Tasse, in einem anderen den Zucker. Ich öffnete den Kühlschrank, den wir gestern noch eingeräumt hatten und nahm mir eine Banane heraus. Der Esstisch, die Stühle, der alte Schrank, dann das Sofa, die Bücherregale. Ich schaute kurz in das Arbeitszimmer meiner Frau, der Schreibtisch stand am Fenster, sie ist sich nicht sicher, ob er da stehen bleiben soll, sie kann ihn hinstellen, wo sie will, dachte ich, es ist unser Haus.

Ich schaute hinaus auf die Fläche, die einmal unser Garten werden soll, irgendwann, später, vielleicht im Frühjahr, vielleicht im Sommer, wenn sie das Loch weggemacht und es mit Erde und Mutterboden zugeschüttet haben und wenn sie den Rollrasen dann darauflegen werden. Dann, erst dann, wird es unser Garten sein, wir können ihn bepflanzen und begrünen, wie wir wollen, dachte ich, es ist unser Garten.

Im Erdgeschoss betrat ich mein Arbeitszimmer, das Sofa, der Schreibtisch, die Regale – alles stand an seinem Platz, alles ist da, wo es hingehört, das Auto in der Garage, es ist Sonntagmorgen, 8 Uhr. So beginnt es also, dachte ich, und trank meinen Espresso in einem Zug aus.

Ich trat auf den Innenhof und sah die Reifenspuren des Umzugswagens im Matsch. Natürlich hatte es am Tag zuvor geregnet, natürlich war es kalt und ungemütlich. Ich zündete mir eine Zigarette an, vor meinem Haus, mein neuer Platz zum Rauchen. In der vergangenen Nacht wurde es sehr kalt, der Boden war gefroren. Ich öffnete den Briefkasten, da lag tatsächlich die Sonntagsausgabe unserer Zeitung drin, im Überschwang drückte ich auf die Klingel, aber die Klingel ging noch nicht. Ich dachte, ich sollte es vielleicht auch nicht übertreiben am ersten Tag.

Den ganzen Tag räumten meine Frau und ich die Kartons aus und die Sachen ein, wie stellten alles an den Platz, den wir dafür vorgesehen hatten und irgendwann sagte meine Frau: »Es ist gut«, und ich schaute sie an, weil ich nicht genau wusste, was sie meinte, und als ich sie fragte, sagte sie: »Alles.« Und ich verstand.

Und dann fuhren wir los, um unsere Tochter nach Hause zu holen, und als wir mit ihr ankamen, und sie alles sah, den Flur, das Arbeitszimmer, das Gästebad, das Treppenhaus, die Küche, das Esszimmer, das Wohnzimmer, das Arbeitszimmer meiner Frau, das Schlafzimmer, das Bad, schließlich ihr Zimmer, da schien sie einverstanden zu sein mit allem.

***

Ich hatte mir die ganze Woche Urlaub genommen, für die Dinge, die zu tun sind, in so einem Haus, denn obwohl die Möbel an ihrem Platz standen und die Kartons ausgeräumt waren, gab es Dinge zu tun, Dinge zu erledigen, Dinge, die nicht warten konnten, jetzt nicht mehr, nicht, wenn man in einem Haus lebt. Ich musste den Kellerraum, den wir überraschenderweise doch bekommen hatten, mit der Garage synchronisieren, ich musste entscheiden, welche Sachen in den Keller gehören und welche in die Garage, und ich habe festgestellt, dass ein erwachsener Mann wegen dieser Aufgabe wahnsinnig werden kann.

Meine Arbeit bestand zum größten Teil darin, zu schauen. Ich schaute auf das Regal in der Garage, auf die Sachen, die in diesem Regal waren, die ich dort hineingelegt hatte. Ich stand und schaute. Manchmal stand ich nah am Regal, manchmal ein paar Schritte weiter weg. Manchmal stand ich eher links, manchmal eher rechts, die meiste Zeit machte ich dabei »Mhm, mhm«, ab und zu auch »mhmmmmmm«. Ganz selten, eigentlich kaum, legte ich etwas vom mittleren Regal auf das oberste Regal. Aber wenn ich das tat, sagte ich »mhm, mhm« und schaute mir die Sache mit gebührendem Abstand an. Als ich nach einer Stunde merkte, dass ich damit nicht weiterkam, versuchte ich die wenigen Bilder, die wir haben, an die Wand zu hängen, danach machte ich mir einen Kaffee und wunderte mich, dass der Vormittag vorbei war.

Am Nachmittag musste ich Sachen an die Wand bringen – so hatte ich es gegenüber meiner Frau angekündigt: »Ich werde dann heute mal ein paar Sachen an die Wand bringen.« Sie schaute mich in diesem Moment für meinen Geschmack ein wenig zu entsetzt an.

Das Befestigen von Dingen an der Wand ist seit alters her die Domäne des Mannes. Während Frauen Dinge an die Wand kleben, die dann nicht halten, hat der Mann keinen Respekt vor der Wand, Wände existieren in dem Moment nicht für den Mann, sondern nur ein Hammer oder ein Schlagbohrer – wo die Frau klebt, aus Respekt vor der Wand, bohrt der Mann ein Loch, und würde das nicht so weh tun, dann würde der Mann diese Aufgabe mit dem Kopf erledigen, denn auch das kommt der Natur des Mannes nah.

Ich stand im Kinderzimmer, in der einen Hand hielt ich den Schlagbohrer, in der anderen Hand eine kleine Nachtlampe. Die Lampe hat die Form einer Blume, das Kabel ist der Stängel, die Lampe muss also in einer gewissen Höhe befestigt werden, damit das Ganze wirkt – Nachtlampen, die in die Steckdose gesteckt werden, sind etwas für alleinerziehende Mütter, denen der Mann weggelaufen ist und den Schlagbohrer mitgenommen hat.

Während ich die Wand abklopfte, dachte ich kurz daran, dass der Schlagbohrer zu groß sein könnte, das Loch könnte riesig werden oder ausfransen, einen Dübel könnte ich dann nicht mehr in der Wand befestigen. Dübel? Wo waren die Dübel? Mit dem Schlagbohrer in der Hand ging ich in die Garage und schaute im Regal nach, mir war, als hätte ich einmal Dübel besessen, mir war, als hätte ich einmal Dübel gesehen, aber jetzt sah ich keinen Dübel, nirgends, ich ging sogar in den Keller, aber warum sollten die Dübel im Keller liegen?

Ich fuhr mit dem Rad in den Baumarkt, ich wusste, dass gleich um die Ecke ein neuer Baumarkt ist, wahrscheinlich wissen die Strategen in der deutschlandweiten Baumarktzentrale, wo im Land neue Häuser gebaut werden, und eröffnen da in der Nähe neue Filialen. Weil sie wissen, dass der erste Gang aus dem neuen Haus in den Baumarkt führt – wohin auch sonst?

Der Baumarkt – heilige Hallen, eine Welt für sich, Tempel des modernen Mannes, Kathedrale des Handwerks, ewiger Ort des Fremden. Die Wahrheit ist nämlich, dass ich keine Baumärkte mag, ich gehöre nicht in Baumärkte, in Baumärkten komme ich mir vor wie ein Mann in der Damenunterwäscheabteilung eines Kaufhauses – immer wenn ich in einem Baumarkt bin, müssten die anderen Leute eigentlich hinter meinem Rücken tuscheln: »Was will der denn hier? Der hat hier doch nichts verloren! Das perverse Schwein!«

In bin 35 Jahre alt geworden und habe es geschafft, mir keine handwerklichen Fähigkeiten anzueignen – tatsächlich halte ich das bereits für eine Leistung. Wie ich das geschafft habe? Ich bin der Sohn eines handwerklich begabten Mannes, ich bin der Enkel eines handwerklich begabten Mannes – meine Familie hielt mich zeitlebens von handwerklichen Aufgaben fern, vielleicht ahnten sie mein Talent in anderen Dingen, jedenfalls musste ich nie etwas reparieren, nicht mal die Sachen, die ich selbst kaputtgemacht hatte.

Alleine und verlassen stand ich im Eingang des Baumarktes und während ich im Laufe der Jahre gelernt habe, wie zum Beispiel ein Supermarkt aufgebaut ist und wo ich was finde, verstehe ich den Aufbau eines Baumarktes nicht, während alle anderen Kunden an mir vorbeigehen und sehr zielgerichtet Regale ansteuern, aus denen sie sich das holen, was sie brauchen. Ich wusste ja nicht einmal, was ich brauche.

Es gibt in Baumärkten Infostände, an denen man Mitarbeiter um Hilfe bitten kann – die Infostände in Baumärkten erfüllen einen ähnlichen Zweck wie Frauenparkplätze in Parkhäusern:

Sie sollen einem die Angst nehmen. Vor allem den Frauen. Und mir. Ich ging zu einem der Infostände und sagte, ich müsste im Haus ein paar Sachen an der Wand befestigen und wüsste jetzt leider nicht hundertprozentig, welche Utensilien dafür genau nötig seien. Der Mitarbeiter des Infostandes schaute mich an, als hätte ich ihn zum Engtanz aufgefordert – in seinem Blick erkannte ich Abscheu. »Was für Sachen?«, fragte er mich, wobei »fragen« ein großes Wort ist – er spuckte es vielmehr vor mir aus, aber weil ich auf die Informationen, die dieser Mann für mich hatte, angewiesen war, bemühte ich mich darum, die Contenance zu wahren.

»Och, Lampen, Bilder, Kleiderhaken – solche Sachen.«

»Schlagbohrer vorhanden?«

Ich nickte.

»Dübel und Schrauben Regal acht.«

»Acht, ja?«

»Ja, acht, wenn es sieben wäre, hätte ich sieben gesagt.«

Obwohl ich nicht genau wusste, wofür, bedankte ich mich.

Regal acht. Schrauben und Dübel. Mehr Schrauben und Dübel, als man sich vorstellen kann, Schrauben und Dübel für jede Wandart, jede Wandstärke, Schrauben und Dübel für jede Gelegenheit. Ich stand vor dem Regal und sagte sehr leise »mhm, mhm«.

Ich nahm eine Packung Schrauben und ein Packung Dübel, ging zur Kasse und fuhr nach Hause. Zu Hause merkte ich, dass die Schrauben und die Dübel nicht passen, also fuhr ich zurück in den Baumarkt. Vor Regal acht sprach ich einen Mitarbeiter an: »Die Schrauben und die Dübel habe ich gerade bei Ihnen gekauft – aber sie passen nicht.« Er nahm mir die Schrauben und die Dübel ab und sah mich an.

»Wieso passen die nicht? Wo passen die nicht?«

»In die Wand passen die nicht. Die sind zu groß. Und zu mächtig.«

»Zu mächtig?« Der Baumarktmitarbeiter musterte mich jetzt von oben bis unten, fast so, als würden meine Schuhe ihm verraten, warum ich so einen Mist daherrede.

»Was ist denn das für eine Wand?«

»Die Wand vom Kinderzimmer.«

In dem Moment, als ich das sagte, wusste ich, dass das jetzt Quatsch ist, aber es war zu spät. Der Baumarktmitarbeiter griff sich einen Kollegen, der zufällig vorbeikam und sagte zu ihm, er solle mir mal weiterhelfen, das sei jetzt für ihn zu speziell.

Ich erklärte dem Neuen mein Problem, er simulierte Verständnis und machte einen Lösungsvorschlag, von dem alle profitierten, vor allem der Baumarkt: Er stellte mir ein Set mit verschiedenen Dübeln und Schrauben zusammen, er meinte, damit hätte ich eine Grundausrüstung, damit wäre ich für alle Eventualitäten ausgerüstet. Und ob er sonst noch etwas für mich tun könnte. Ich schüttelte den Kopf und trug meinen Einkauf zur Kasse, wo ich mit meiner Bankkarte bezahlen musste, weil ich so viel Bargeld nicht dabeihatte.

Als ich zu Hause ankam und vor der Wand stand, beschloss ich zu warten. In einer Woche wollte mein Vater zu Besuch kommen. Ich könnte ihm dann die Schrauben und die Dübel zeigen und er könnte ausprobieren, ob ich richtig eingekauft hätte.

***

Den Rest der Woche verbrachte ich mit Optimierungen, so nannte ich das Ganze gegenüber meiner Frau. »Was machst du heute?«, wollte sie wissen, bevor sie unsere Tochter in die Kita fuhr und danach arbeiten ging.

»Ich muss noch ein paar Sachen optimieren«, antwortete ich und kratzte mich dabei am Hinterkopf, obwohl es dort gar nicht juckte. Ich hielt allerdings das Kratzen am Hinterkopf für die typische Handbewegung eines Mannes, der gerade in sein Haus gezogen war.

Aber als ich alleine war, hatte ich hauptsächlich damit zu tun, durch das Haus zu gehen und festzustellen, dass es nichts zu optimieren gab, alles funktionierte, alles stand an seinem Platz, es gab nichts, was mich störte, ich fand nichts, was uns am Leben hindern konnte. Aus Langeweile fuhr ich in den Baumarkt und ging durch die Regale, ich nahm Dübel und Nägel und Schrauben in die Hand und hatte das Gefühl, dass sich die Baumarktmitarbeiter vor mir verstecken würden. Ich kaufte einen Zollstock für einen Euro und fuhr wieder nach Hause. Weil ich sonst nichts zu tun hatte, bestellte ich bei einem großen Onlinehändler einen neuen Fernseher, ein Radio und eine Heimkinoanlage für diese Lautsprecherausgänge, die mir Herr Topluc eingebaut hat.

Am nächsten Tag hatte ich drei Dinge, die mich störten und die mich am Leben hinderten. Das Radio fand das sogenannte Internet nicht, ohne Internet funktionierte allerdings das Radio nicht, ich musste also das Internet an meinem Computer neu einstellen, ich weiß nicht mehr, wie ich das geschafft habe, aber nach zwei Stunden fand das Radio die Sender, die unser altes Radio im Badezimmer schon lange kannte. Der Fernseher war viel zu groß, um auf dem Sideboard zu stehen, ich hätte ihn an die Wand hängen müssen, aber dafür hätte ich wiederum eine Wandaufhängung haben müssen, die ich natürlich nicht hatte. Weil der Fernseher deshalb auf dem Sideboard stand, musste ich die Heimkinoanlage auf den Boden stellen, weil ich keine Kabel hatte, konnte ich die Lautsprecher nicht an die Ausgänge schließen, die Herr Topluc dafür vorgesehen hatte, was allerdings auch deshalb nicht so schlimm war, weil ich das normale Fernsehprogramm eh nicht über diese Boxen hören konnte, denn wenn ich das normale Fernsehprogramm über die Heimkinoanlage hören wollen würde, müsste ich einen Receiver haben, den ich natürlich nicht hatte, und in der Zwischenzeit sah es im Wohnzimmer schlimmer aus als an dem Tag, an dem wir eingezogen sind. Ich schaffte es gerade noch rechtzeitig die Geräte und die Kartons in die Garage zu bringen und sie in den Regalen zu verstauen, und als ich damit fertig war, ging ich ein paar Schritte zurück und sagte »mhm, mhm«.

Und dann wurde ich krank, ganz schlimm krank. Wenn man in ein Haus zieht, dann wünschen einem Freunde ja oft das, was sie einem auch wünschen, wenn man in eine neue Wohnung zieht: dass der erste Traum besonders schön werden würde, denn der erste Traum ginge in Erfüllung. Ich wartete seit vier Tagen auf meinen ersten Traum, seit wir ins Haus gezogen sind, hatte ich einen tiefen, festen, traumlosen Schlaf. Zunächst dachte ich, das liege an der Aufregung, an der Erschöpfung – tatsächlich ist es aber die Krankheit, die wahrscheinlich schon über mich kam an dem Tag, an dem wir eingezogen sind. Die Krankheit zog quasi mit uns ein, aber sie versteckte sich in den ersten Tagen (vielleicht in der Garage), aber dann kam sie raus und streckte mich nieder.

Ich lag also irgendwann morgens krank in unserem neuen Schlafzimmer. Zuerst dachte ich, die Krankheit sei ein Geschenk, ein Geschenk, das Haus besser kennenzulernen, denn ich konnte nicht vor die Tür und ich konnte auch nichts mehr optimieren, ich musste mich ausruhen, vielleicht ein bisschen rumlaufen und schauen, wie das Haus auf mich wirkt. Aber das mit dem Rumlaufen ging nicht, mit Ach und Krach kam ich vom Schlafzimmer zum Wohnzimmer, aber weil ich den Zuschnitt des Hauses noch nicht verinnerlicht hatte, landete ich nicht im Wohnzimmer, sondern in der Küche. Ich war verwirrt. Und erschöpft. Ich schaute aus dem Fenster, das Küchenfenster geht raus zum Hof, der Hof ist noch nicht gepflastert, links und rechts sind die anderen Häuser noch nicht ganz fertig, deshalb steht mitten auf dem Hof ein Kran, ein großer Kran. Als ich aus dem Fenster schaute, sah ich Männer, die sich an dem Kran zu schaffen machten, sie hatten Werkzeug in der Hand, wie ich es noch nie gesehen hatte. Mit letzter Kraft zog ich einen Stuhl heran und setzte mich, Blick aus dem Fenster. So blieb ich sitzen. Den ganzen Vormittag. Den ganzen Nachmittag. Ich schaute mir an, wie der Kran abgebaut wurde, ich glaube, ich könnte heute einen Kran alleine abbauen, denn ich prägte mir alles ein, jeden Handgriff, ich fand das alles interessant. Einmal nickte ich kurz weg, ich war ja schlimm krank und erschöpft, und als ich wieder aufwachte, waren plötzlich ganze Kranteile verschwunden. Wie können ganze Kranteile verschwinden? Wo sind die hin? Nach einer Weile holte jemand einen LKW und fuhr dicht heran an den Kran, drei andere hatten den Kran mittlerweile zusammengefaltet, so wie man einen Zollstock zusammenfaltet. Der Kran, der noch vor ein paar Stunden zwanzig Meter hoch war, lag nun vor meinem Küchenfenster, ich schätzte seine Länge auf vier Meter.

Dann sah ich Handwerker auf dem Gelände, die ich gut kannte: Heizungsbauer, Elektriker – die besten Freunde eines jungen Hausbesitzers. Auch sie schauten sich an, was die Kran-Menschen mit dem Kran machten, dann fragte der Heizungsbauer einen der Kran-Menschen: »Nehmt ihr den Kran mit?«

Ich bin sofort zurück ins Bett gegangen. Geträumt habe ich nichts.

**

Als ich wieder gesund war, kam Johannes zu Besuch, ich führte ihn durch das Haus und er sagte, dass das toll geworden sei, besser, als er es sich vorgestellt habe. Als ich von ihm wissen wollte, wie er sich das denn vorgestellt habe, sagte er: »Na, wie schon – nach allem, was du im Laufe der letzten anderthalb Jahre so erzählt hast …«

Wir saßen am Esstisch und tranken ein Bier, oben schlief meine Tochter, meine Frau war ausgegangen. Ich sagte zu Johannes: »Ich glaube, dass Menschen nicht mit Phobien auf die Welt kommen, sondern dass sich Phobien im Laufe eines Lebens entwickeln. Ob man eine Phobie bekommt, liegt an den Erfahrungen, die man macht, an guten oder schlechten. Ich habe zum Beispiel eine Kleiderbügelphobie, ich habe in meinem ganzen Leben nur schlechte Erfahrungen mit Kleiderbügeln gemacht, wenn ich einen Kleiderbügel sehe, dann erinnere ich mich an all die schlimmen Momente, für die Kleiderbügel in meinem Leben gesorgt haben. Egal, ob die Kleiderbügel hängen oder liegen: Sie verfangen sich immer, immer ineinander, man bekommt sie nicht mehr auseinander, nicht einmal mit Geduld, erst recht nicht mit Gewalt, und manchmal dachte ich, jetzt lachen mich die Kleiderbügel aus. Was ich dir damit eigentlich sagen will, ist Folgendes: Ich bin gerade auf dem besten Weg zu einer neuen Phobie, nämlich zu einer Lampenphobie. Es heißt vielleicht aber auch Leuchtenphobie, da geht es ja schon los: Leuchten, Lampen, Leuchtmittel – in der Welt der Beleuchtungstechnik herrscht eine strenge Begriffshierarchie, die leider nur Eingeweihten geläufig ist. Menschen wie ich machen sich schon zum Deppen, wenn sie in einem Lampenladen – oder heißt es Leuchtenladen? – nach einer Lampe – oder heißt es Leuchte? – für die Decke fragen, und fragen musste ich in den vergangenen Wochen ziemlich oft. Und zwar zum ersten Mal im Leben, denn in den Wohnungen, in denen ich bisher wohnte, vermied ich instinktiv die Anbringung von Deckenleuchten, wahrscheinlich weil ich ahnte, dass allein die Wahl ein Desaster ist. Ich platzierte Tischlampen und Stehleuchten in der Wohnung – auch aus Bequemlichkeit, denn eine Leuchte an die Decke zu befestigen erschien mir immer als zu anstrengend. Das ist jetzt anders. Das muss jetzt anders sein, denn mit Licht, so las ich, könne man seine Lebensqualität ins Unermessliche steigern. Es ginge nur darum, das richtige Licht am richtigen Platz zu positionieren. Dann ginge es darum, die richtigen Leuchtmittel auszuwählen – dann aber könne man nicht nur die Helligkeit regulieren, sondern auch Stimmung und Wohlbefinden. Um es kurz zu machen: Das ist alles ganz großer Quatsch. Ich bin heute der Meinung, dass ein Leben ohne Lampen, Leuchten und Leuchtmittel ein besseres, ein einfacheres Leben ist – die Abhängigkeit vom Sonnenlicht scheint mir das geringere Übel zu sein als die Abhängigkeit von der Kunstlichtindustrie. Diese Meinung entspringt keiner Laune – sie ist das Ergebnis einer monatelangen Tortur, einer Suche ohne Ende. Ich war quasi überall: im Fachgeschäft, im Internet, bei Freunden und Verwandten. Sah ich in Restaurants Leuchten, die mir gefielen, stellte ich dem Kellner unangenehme Fragen zu Erwerb und Anbringung. Mein Wissen über Leuchtmittel nahm enzyklopädische Züge an: Teilweise wusste ich alles über Glühlampen, Energiesparlampen, Halogenlampen – ich war Meister Lampe. Und theoretisch hätte ich irgendwann einfach losgehen können, ein paar Leuchten kaufen, sie fachgerecht anbringen – und die Sache wäre ein für alle Mal erledigt gewesen. Ich habe übrigens wunderschöne Lampen im Internet gefunden und die auch sofort bestellt und nach zwei Tagen waren sie bei mir, die Lampen. Mach das bitte niemals! Selbst mit Zollstock und der Kraft der Imagination kann man aus einem Bild von einer Lampe keine Lampe machen, die man in der Hand hält. Kurzum: Die Lampen passten größenmäßig null – außerdem bekam ich die nicht an die Decke geschraubt, weil der Abstand der Bohrlöcher bei den Lampen viel zu klein war. Weil ich mich nicht traue, die Dinger zurückzuschicken und niemanden bei eBay verscheißern möchte, liegen die jetzt bei mir in der Garage.«

»Was?« Johannes schaute mich fassungslos an. »Was ist denn das bitte für eine vollkommen bescheuerte Geschichte?«

Und ich erklärte ihm, dass er nicht glauben soll, dass es vorbei ist, wenn man in sein Haus eingezogen ist. Ich erklärte ihm, dass es manchmal auch die Kleinigkeiten sind, an denen Menschen scheitern können.

***

Und ich stellte fest, dass man – wie soll man das ausdrücken? – ein wenig unmännlich wird, wenn man sich Gedanken über die Inneneinrichtung seiner Wohnung macht – das hat vielleicht auch damit zu tun, dass der ehemalige Fußballspieler Lothar Matthäus gelernter Raumausstatter ist und er einmal, in einem Fernsehporträt, sein Haus zeigte. Die Einrichtung dient als Beweis dafür, dass gelernte Raumausstatter eventuell einen Raum ausstatten können, man aber trotzdem darin nicht wohnen will. Unvergessen die Szene, in der Matthäus seinen Kleiderschrank präsentiert und mit Hinweis auf seine Gürtelsammlung sagt: »Die Schuhe müssen zum Gürtel passen.«

Manche Dinge müssen zueinander passen – andere nicht. Vorhänge sollten vor allem vor die Fenster passen, ein einfaches Gesetz, das ich jahrelang nicht einhalten konnte, denn meine Vorhänge besorgte ich mir bei IKEA, und wenn die Halterung dann irgendwann mal hielt, waren die Vorhänge zu kurz, zu schmal oder sahen schlichtweg scheiße aus.

Stückwerk, mit dem man sich in seinem eigenen Haus nicht mehr zufriedengibt, deshalb verändert sich der Blick auf die Dinge. Als ich einmal bei Oliver und seiner Freundin zu Besuch war, musterte ich das Interieur wie einer, der was klauen will, besonderen Gefallen fand ich an den Vorhängen: Der Stoff, die Anbringung, der perfekte Zuschnitt – auf einmal überkam mich ein Gefühl von Schönheit, was ich mit der Frage nach einem Bier zu kaschieren versuchte. »Wo habt ihr die her?«, versuchte ich so beiläufig wie möglich zu fragen, und sie gaben mir Namen und Kontaktdaten des Vorhangmanns.

Dieser Begriff ist keine Beleidigung – heute weiß ich: Er ist eine Auszeichnung. Der Vorhangmann, den ich anrief und der sich fortan um die Vorhangfragen unseres Hauses kümmert, ist der Hüter von Geheimwissen, das normalen Menschen verschlossen bleibt. Die Geheimnisse, die der Vorhangmann kennt, umfassen Material, Anbringung und Auswahl – es gab bisher nichts, was er nicht ranschaffen konnte, nichts, was er nicht anbringen konnte –, und fiel doch mal etwas runter, so wie früher, kam der Vorhangmann am nächsten Tag und brachte das Malheur wieder in Ordnung.

Das alles macht der Vorhangmann nicht für Gottes Lohn, sondern für ordentlich Geld. Der Vorhangmann ist nicht billig, genau genommen ist er teuer, aber wenn ich mir das Zeug anschaue, was jetzt vor unseren Fenstern hängt, dann erkenne ich den Gewinn, den wir durch den Vorhangmann haben. Und ich weiß auch gar nicht, wie es draußen vor unserem Haus aussieht – die Vorhänge sind meistens zu. Haben ja auch schließlich genug gekostet.

**

Der Garten begann als Loch, als Loch hinter der Terrassentür. Als wir einzogen, gab es keinen Garten, keine Terrasse, sondern nur ein Loch. Das Loch wurde Woche um Woche weniger, Erde wurde in das Loch geschüttet, Mutterboden, dann wurde die Terrasse angelegt, das war im April und ich wurde hektisch. Ich besorgte mir fünf Gartenbücher.

Ich habe meiner Frau nie einen Rosengarten versprochen, ich habe mir selbst einen Garten versprochen, der Garten war mein Wunsch, mein Traum. Irgendwann sagte ich mal zu meiner Frau, das war allerdings lange vor dem Haus: »Garten. Ich will einen Garten. Garten ist wichtig. Vor allem für das Kind. Ein Kind muss im Garten sein. Deshalb heißt es ja auch Kindergarten und nicht Kinderstraße oder Kinderhinterhof oder Kinderpark oder Kinderbalkon. Ohne Garten ist ein Leben im Prinzip nicht vorstellbar.« Meine Frau, deren Welt nicht aus Gärten besteht, sondern aus Parks, die in einer Welt ohne Gärten aufgewachsen ist, sah mich damals befremdlich an. Ob ich das denn könne, das mit der Gartenaufzucht, das mit der Pflege – ob ich denn wisse, was da auf mich zukäme. Ich sagte: »Papperlapapp.«

Und dann las ich in diesen Gartenbüchern und verstand kein Wort. Die Bilder fand ich schön, aber die Bilder schienen das Ergebnis der Anweisungen in den Texten zu sein, Texte, die ich nicht verstand, in denen Begriffe auftauchten, die ich noch nie gehört hatte. Ich kaufte mir ein Gartenlexikon, in dem die wichtigsten Fachbegriffe aus anderen Gartenbüchern für Laien verständlich erklärt werden. An einem Samstagnachmittag versuchte ich mir die Welt der Gärten und des Gärtnerns zu erschließen, am Abend traf ich mich mit Johannes, in der Bar begann ich sofort mit meinem kleinen Vortrag: Vertikales Gärtnern, sagte ich zu Johannes, das sei das Gärtnern der Zukunft – horizontal, das mache quasi kein Mensch mehr. Außerdem, sagte ich zu Johannes, ist Rasen, Gras generell, eher überschätzt, wichtiger seien Sträucher, Blumen, Hecken, solche Sachen. »Solche Sachen« hätte ich nicht sagen sollen.

»Du hast keinen Schimmer von der ganzen Sache, stimmt's?«

»Deshalb die Bücher. Ich fang mit dem Lesen ja gerade erst an. Ein Garten ist eine Idee, eine Vorstellung, eine Art Sehnsuchtsort im Sehnsuchtsort Haus, und so, wie man das Haus in seinen Gedanken einräumt und herrichtet, so gestaltet man den Garten in seinen Träumen, aber diese Träume sind nicht wahr. Das heißt aber noch lange nicht, dass Träume Lügen sind.«

Johannes, da war ich mir sicher, kann mit einem Garten nichts anfangen, er steht der Natur generell eher skeptisch gegenüber. Ich aber bin quasi im Garten aufgewachsen. Die ersten neunzehn Jahre meines Lebens habe ich in einem Haus verbracht, ein

Haus mit Garten, erst dann zog ich in Wohnungen, mal mit, mal ohne Balkon, und jetzt, mit meinem Haus, mit meinem Garten, schließt sich ein Kreis, irgendwie. Obwohl: Eigentlich ist das gar kein Kreis, es ist eher wie eine Art Zeitmaschine, tatsächlich führe ich wieder das Leben, das ich mit sechzehn, siebzehn hatte, weil ich zum einen wieder in einem Haus mit Garten leben, zum anderen habe ich mir ein Fahrrad gekauft, mit dem ich jeden Tag ins Büro und wieder zurück fahre, so wie ich mit sechzehn, siebzehn mit dem Rad in die Schule gefahren bin, vorbei am Garten, links ab.

Der Unterschied ist nur, dass mir damals der Garten egal war, es gab ihn, ich nahm es hin. Aber jetzt war mir der Garten nicht mehr egal, meine Sorge begann, als der Rollrasen geliefert und auf den Mutterboden gelegt wurde. Ich stand auf der Terrasse und beobachtete die Gärtner bei ihrer Arbeit, aber dabei war ich mir nicht sicher, ob das überhaupt Gärtner sind. Einen der Männer habe ich bereits beim Pflastern des Hofes gesehen, auch das konnte er nicht richtig gut. Und jetzt verlegte er einen Rollrasen, während die Mittagssonne erbarmungslos herabschien. Ich wollte fragen, ob das eine gute Idee sei, ob man so einen Rasen nicht besser abends verlegen sollte, vielleicht im Mondschein, vielleicht gäbe es ja sogar bestimmt Mondphasen, in denen man Rasen verlegen sollte, so wie es ja auch bessere und schlechtere Zeiten gibt, um zum Friseur zu gehen oder sich die Fingernägel zu schneiden. Alles Wachsende scheint ja mit dem Mond in Verbindung zu stehen, jedenfalls habe ich das einmal gelesen.

Die Männer brauchten einen halben Nachmittag, dann lag der Rasen in unserem Garten. Die Sonne brauchte dann den Rest des Nachmittages, um den Rasen stellenweise zu verbrennen, und am Abend stand ich mit einem Schlauch auf der Terrasse und goss den Rasen, meinen Rasen, in meinem Garten, um zu retten, was vielleicht nicht mehr zu retten ist. So stand ich da jeden Abend, während meine Frau auf der Terrasse Pflanzen eintopfte, weil sie meinte, dass wir dann wenigstens ein bisschen Grün im Garten hätten – wo der Rasen ja eher braun sei.

Eine Woche verging, unsere Tochter wunderte sich, warum sie nicht in den Garten durfte, wir versuchten ihr zu erklären, dass der Rasen krank sei und wir ihn erst heile machen müssten. Danach kam sie mit ihrem Arztkoffer wieder und sagte, sie wolle uns dabei helfen. An diesem Abend sagte ich zu meiner Frau, dass ich gehofft hätte, dass die Probleme irgendwann aufhören würden, dass wir die Sorgen irgendwann loswerden würden, aber meine Frau meinte, dafür sei es noch zu früh. Und während wir redeten, schlich sich unsere Tochter an uns vorbei, durch die Terrassentür in den Garten – und als wir sie sahen, da spielte sie auf dem Rasen, sie rannte und hüpfte und machte Purzelbäume, sie schnupperte an den Blumen, lachte und schrie und verschüttete Wasser überall, nur nicht dahin, wo das Wasser gebraucht wurde. Und dann meinte meine Frau, wir müssten unbedingt ins Gartencenter fahren.

Das Gartencenter lag direkt neben dem Baumarkt, in dem ich dann mit meinem Vater noch einige Mal war. Warum mein Vater wollte, dass ich mitkomme, wurde mir nicht ganz klar, mein Vater kam sehr gut allein in dem Baumarkt zurecht, er bewegte sich durch den Baumarkt, als ob er dort schon jahrelang einkaufen würde: Er verschwand mal hier, mal dort und legte Dinge in den Einkaufswagen, von denen er behauptete, dass ich sie brauchen würde. Wahrscheinlich für den Fall, dass er uns besuchen kommt. Als ich am dritten Tag zum vierten Mal mit meinem Vater in den Baumarkt fuhr, wurde er von einigen Mitarbeitern mit Namen begrüßt. Ich kam mir vor wie ein Sechsjähriger. Ich suchte das Bällchenbad.

Im Gartencenter war es zwar nicht so wie im Baumarkt – aber ähnlich. Baumärkte und Gartencenter geben sich keine Mühe, Novizen Sinn und Zweck ihres Angebotes zu erklären.

Und wer Pflanzen haben will, der sollte die vielleicht nicht im Gartencenter kaufen, sondern sich irgendwo anders her besorgen, irgendwo, wo das Angebot nicht so groß ist, vielleicht im Wald. Meine Frau und ich schritten die Reihen der Pflanzen ab, die meisten gefielen uns nicht, wir hatten keine Ahnung, was es für hässliche Pflanzen gibt, aber wenn man im Zoo ist, dann fällt einem ja auch immer wieder auf, was es für hässliche Tiere gibt. Die Pflanzen standen in einer Ordnung, die sich uns nicht erschloss, wir wussten, dass wir am besten winterfeste Pflanzen nehmen sollten, fanden aber keine. Ich fragte meine Frau, ob ich mich kurz entfernen dürfte und floh in die Grillabteilung. Dort schaute ich mir alles genau an und für ein paar Minuten überlegte ich ernsthaft, einen Gasgrill für 400 Euro zu kaufen, dann entschied ich mich aber für einen Kugelgrill für 49 Euro 99.

»Wir lassen den Garten so, wie er ist«, sagte meine Frau, als sie mich bei den Grillzangen fand. Sie wirkte, nun ja, leicht ungehalten. Ich nickte und lächelte und sagte, dass ich dann einen Grill kaufen würde.

Und dann habe ich eine Stunde lang versucht, auf der Terrasse den Grill aufzubauen, und als mir das gelungen war, versuchte ich ihn anzuschmeißen, und nach dem Grillen, nach dem Essen, als unsere Tochter bereits schlief und ich auf meiner Terrasse noch ein wenig sitzen wollte, um in den Garten zu schauen, da fielen sie über mich her. Mücken. Killermücken. Monstermücken. Sie machten keine Gefangenen, sie stachen sofort zu: in meine Beine, in meine Arme, in mein Gesicht, ja, in mein Gesicht. Ich wedelte wie ein Irrer mit Armen und Beinen, ich drehte mich im Kreis, lief zurück ins Haus und schloss die Tür. Als ich an den Wänden hochschaute, sah ich Spinnen, Schneider, kleine Tierchen, sie waren plötzlich überall. Ich ging sofort ins Bett und zog mir die Decke über den Kopf.

Am nächsten Morgen sagte ich zu meiner Frau, dass sich die Natur ihr Recht zurückfordert. Es sei offensichtlich, dass unser

Haus mitten in einem Insektenbiotop stehen würde, die Viecher seien zum Krieg bereit, ich aber, der Hausherr, ich würde nicht kampflos aufgeben, sondern in den Drogeriemarkt fahren und alles kaufen, was das moderne Anti-Insekten-Arsenal hergebe.

Ich fuhr, kaufte ein, kam zurück – und verlor. Denn obwohl ich Insektenfallen aufstellte, überall dort, wo man sinnvoller-weise Insektenfallen aufstellen sollte, wurden es nicht weniger, sondern mehr. Ich las in der Zeitung davon, dass es in Berlin gerade eine Insektenplage geben soll, wegen des Wetters, das etwas eigentümlich sei, nämlich nicht ideal für den Menschen, aber ideal für die Insekten. Und weil die Fallen und die Chemie nicht halfen, griff ich zu altmodischeren Methoden und rollte die Zeitung, in der all das stand, zu einer klassischen Insekten-waffe zusammen. Dann ging ich auf die Jagd, ich pirschte mich an meine Feinde ran und versuchte sie in den günstigen Mo-menten von hinten zu erwischen, aber als ich zuschlagen wollte, meinte meine Frau, ich solle das doch bitte lassen, das gäbe nur hässliche Flecken an den Wänden und sie würde nicht ein halbes Jahr nach dem Einzug damit anfangen, das Haus komplett neu zu streichen wegen ein paar Insekten. Da wusste ich, dass so ein Haus einem Mann Kummer und Sorgen bereitet ab dem Tag, an dem man dort einzieht.

***

Wenn man sich so ein Haus baut, dann kann man ja praktisch alles genau so machen und haben, wie man das halt alles so ma-chen und haben will. Theoretisch. In der Praxis ist es etwas kom-plizierter, aber die Idee besticht doch in ihrer Einfachheit: Wer seine Küche gerne rund hätte, kann eine runde Küche kriegen, also jetzt als Beispiel. Wir haben keine runde Küche, wir sind ja nicht bescheuert.

Es gibt allerdings eine Sache, die kann man nicht bestimmen, die kann man auch ganz schwer ändern, und da geht es dem, der ein Haus baut, genauso wie dem, der schön Miete für seine Wohnung bezahlt. Seine Nachbarn kann man sich nicht aussuchen. Ist das eigentlich gut oder schlecht?

Seit einigen Jahren sagt einem jeder Immobilienmakler, wenn man sich eine sanierte Wohnung in Mitte oder in Prenzlauer Berg anschaut, als Totschlagargument für die Wohnung: »Ich darf ihnen das ja eigentlich nicht sagen, aber Heike Makatsch interessiert sich auch für eine Wohnung in diesem Haus. Der Vertrag ist eigentlich so gut wie unterzeichnet.« Ich kenne Heike Makatsch nicht, ich glaube, Heike Makatsch ist bestimmt sehr nett, aber es ist mir völlig egal, ob Heike Makatsch meine Nachbarin ist oder nicht. Meine Nachbarn sind mir wirklich vollkommen egal, und für alle anderen Fälle würde ich jederzeit die Polizei rufen. Ich musste noch nie die Polizei rufen, in unserer letzten Wohnung war ich zwar manchmal kurz davor, aber meine Frau sagte dann, dass die Leute in der Wohnung über uns halt nichts dafür könnten, dass die bei der Sanierung die Trittschalldämmung vergessen hätten – das sei natürlich ärgerlich, wenn man gerne hohe Schuhe trägt und einen großen Bekanntenkreis hat, aber nun ja.

So gesehen hatte ich immer Glück mit meinen Nachbarn, nette Leute waren das in der Mehrzahl, man grüßte sich im Treppenhaus – das war's. Wer meine Nachbarn sind, wer sie sein könnten, war nie ein Thema, als ich noch in Mietwohnungen lebte. Und es war auch kein Thema beim Bau des Hauses, bis meine Frau plötzlich meinte, wie nett es doch wäre, wenn die einen Freunde links von uns bauen würden und die anderen Freunde rechts von uns. Ich fand es eigentlich immer ganz praktisch, dass man Freunde hatte, die woanders wohnten, dann konnte man auch mal dahin fahren, aber der Wunsch meiner Frau resultierte wohl eher aus einer Frage: Was für Menschen werden das wohl sein – unsere Nachbarn?

Seit Wochen habe ich Folgendes vor: Ich würde gerne links klingeln und rechts und vielleicht auch gegenüber und dann sagen: »Kommt doch morgen Nachmittag mal zu uns, es gibt Kaffee und Kuchen.« Was ich nicht sage, aber was ich damit logischerweise meine: »Dann lernen wir uns mal besser kennen, ihr seht, wie unglaublich nett wir wohnen – dafür erwarten wir dann aber auch eine Einladung zu euch, damit wir endlich mal sehen, wie ihr wohnt, welche Bücher ihr im Regal habt, welche Musik bei euch läuft, wie ihr alles gestellt habt.«

Aber seit Wochen komme ich nicht dazu, dauernd ist was. Und wenn mal nichts ist, dann bin ich gerne zu Hause, alleine, mit der Frau und dem Kind, dann reicht mir das, dann will ich niemanden sonst. Meine Frau sagt: »Vielleicht merken die Nachbarn, dass du meistens niemanden sonst willst«, und ich sage dann: »Quatsch, das merken die nicht! Außerdem gehe ich nächste Woche mal rum und lade die ein. Oder übernächste Woche, mal gucken.« An allem anderen ist übrigens das Wetter schuld. Da, wo wir wohnen, gibt es einen großen Hof, drum herum sind die Häuser und irgendwann stellte ich mir vor, dass unsere Haustür im Sommer immer offen ist, das Kind geht raus und rein, wann es will, es spielt im Hof, und ich sitze im Vorgarten, lese Zeitung, trinke einen Kaffee, und das Kind spielt mit den anderen Kindern, und die Frau kommt und sagt: »Schön«, und ich nicke dann. Und die anderen Türen sind auch offen, und die Nachbarn kommen raus, wir reden, plaudern, einer fragt: »Stück Kuchen?«, und die Sache mit dem mühsamen Einladen hat sich dann von selbst erledigt. Aber dann kam der Regen, und dann kam noch mehr Regen, und die Tür blieb zu, und auf dem Hof war niemand.

Nur letzte Woche nicht, da schien am Abend mal kurz die Sonne. Ich machte die Tür auf und rief das Kind: »Komm runter. Spielen im Hof.« Das Kind kam runter, ich holte mir einen Kaffee, setzte mich in den Vorgarten, das Kind sah mich fragend an. Und dann, plötzlich, öffneten sich die anderen Türen, Kinder schauten raus, erst zaghaft, aber als sie merkten, dass da noch mehr Kinder kamen, traten sie auf den Hof. Sie fragten nicht nach ihren Namen oder in welche Kita sie gehen. Sie fingen an zu spielen, zu rennen, sie malten mit Kreide die Bodenplatten an, sie lachten und riefen. Und irgendwann kamen auch die Eltern, meine Nachbarn, und wir waren im Hof, alle zusammen, und schauten unseren Kindern bei etwas zu, was wir nicht konnten.

Wir wollen das jetzt öfter machen.

***

Und ich weiß gar nicht, ob das jetzt am Ende eine gute oder eine schlechte Nachricht ist: dass man natürlich an alles denken kann, schließlich hat man ja zwei Jahre Zeit, wenn man so ein Haus baut und es einwohnt. Dass man Pläne machen kann, mit Architekten spricht, mit Tischlern, Handwerkern, Bauleitern, Elektrikern. Mit Menschen, die schon mal ein Haus gebaut haben und total glücklich sind – und mit Menschen, die schon mal ein Haus gebaut haben und total unglücklich sind. Man hat schlaflose Nächte und verträumte Tage, man hat Ideen, Wutausbrüche, Ärger, Stress … Aber irgendwann ist er da, dieser eine Moment, in dem man weiß: So. Fertig.

Dieser Moment kann ganz plötzlich kommen, aus dem Nichts, aus dem heiteren Himmel, morgens, abends – man weiß einfach nicht, wann dieser Moment kommt. Bei mir kam er vor einigen Tagen, mitten in der Nacht, als ich noch in meinem kleinen Arbeitszimmer saß, um zu schreiben. Ich beendete meine Arbeit gegen Mitternacht, die Frau und das Kind schliefen bereits, ich machte also noch mal ungestört einen Gang durchs Haus, ich ging es ab, gemächlichen Schrittes, so wie ein Hausherr, wobei mir wirklich kein dümmeres Wort einfällt für das, was ich jetzt bin. Jedenfalls stellte ich fest, dass alles an seinem Platz war, und alles, was an seinem Platz war, sah auch noch gut aus. Ich verlief mich nicht. Ich wusste, wo alles ist. Ich fühlte mich wohl. Ich öffnete die Schiebetür zur Terrasse, blieb kurz stehen und atmete die warme, feuchte Luft ein. Ich ging ein paar Schritte, stand auf dem Rasen, schloss die Augen, und dann … Dann kam die Leere.

Ich dachte daran, dass ich alles erledigt hatte, ich dachte daran, wie es begann, wie es schieflief und wie ich dachte, dass es niemals zu Ende geht. Ich dachte an Töhlke und an Fliesen, ich dachte an schwimmendes Parkett und an einen Dachschaden, ich dachte an den Umzug und an Dübel, ich dachte an die Wohnungen meines Lebens und daran, dass es noch nie so schön war wie jetzt.

***

Vor kurzem sind wir spazieren gegangen, an einem kalten, wunderschönen Sonntag. Wir haben darüber gesprochen, was noch zu tun ist am Haus, im Haus, im Garten. Im Frühjahr wollen wir auf der Terrasse Holzdielen verlegen, außerdem einen kleinen Verschlag bauen für die Gartengeräte. Wir wollen den Rasen im Vorgarten wieder abtragen und die kleine Fläche bepflanzen. Mit Sträuchern, kleinen Bäumen, solchen Sachen. Meine Bank und mein Tisch sollen dort stehen bleiben, denn da werde ich auch weiterhin morgens meinen Kaffee trinken und mich wundern.

Wir wollen auch den Garten bepflanzen, weil wir dieses Rechteck nicht besonders mögen, wir wissen noch nicht, wie, aber das ist nicht schlimm. Als der erste Schnee fiel, baute unsere Tochter einen Schneemann, und wir halfen ihr dabei. Ein guter Schneemann ist das geworden, er bekam einen alten Schal um den Hals und eine Bommelmütze auf den Kopf, und auch die Vögel haben sich nicht an ihm gestört, die kommen, weil sie wissen, dass wir ein Vogelhäuschen haben. Manchmal sitzt unsere Tochter auf dem Sofa und schaut in den Garten, dann beobachtet sie, wie die Vögel auf dem Häuschen landen, erst vorsichtig, sie schauen sich um, dann sehen sie das Futter und picken es auf, und wenn sie wieder wegfliegen, dann ruft unsere Tochter: »Bis morgen!«

Arndt soll uns noch ein Sideboard bauen für das Wohnzimmer, er hat schon eine Zeichnung gemacht, aber dann hatten wir kein Geld mehr. Ein Sideboard aus dem Holz, aus dem er unsere Küche gemacht hat und unsere Bücherregale, ein schwebendes mit einer kleinen Bar drin. Und dann fehlt ja immer noch eine Wohnzimmerlampe, weil unsere doch zu klein ist, obwohl sie uns gut gefiel, damals in dem Laden.

Und natürlich muss ich immer noch Keller und Garage synchronisieren, meine Lebensaufgabe, die mir dadurch unnötig erschwert wird, dass meine Frau sich weigert, die Kisten mit dem Müll aus dem Keller wegzuwerfen. Weil da gar kein Müll drin sei, sagt sie, aber das glaube ich ihr nicht.

Und wir wollen in die beiden Treppenhäuser noch Bilder hängen, Familienfotos, Fotos von uns, von meiner Familie, von der Familie meiner Frau, aber als ich damit schon einmal anfangen wollte, habe ich die falschen Rahmen gekauft, und jetzt haben wir vierzig Rahmen, in die keine Fotos passen, und ich kann die Rahmen weder in den Keller packen noch in die Garage, jedenfalls so lange nicht, wie ich nicht Keller und Garage synchronisiert habe.

Und wir müssen das Kinderzimmer entrümpeln, es ist zu viel Zeugs drin, zu viel Papier, zu viele Sachen, die mal irgendwo dazugehörten und jetzt nicht mehr, allerdings stört das Gerümpel unsere Tochter überhaupt nicht, deshalb können wir damit noch warten.

Und wir müssen ja sowieso warten: auf das erste Restaurant, auf das erste Café in unserem Viertel, aber wenn weder das eine noch das andere jemals kommen sollte, dann werden wir auch das überleben.

Und irgendwann werden wir dann das ganze Haus einmal von innen streichen müssen, und das Parkett werden wir abziehen müssen, all diese Dinge, die man früher nie tun musste, weil man nirgendwo länger als drei Jahre gelebt hat. Wie lange werden wir in diesem Haus leben?

Meine Frau hat sich bei mir untergehakt, die Sonne wärmt uns. Ich sage ihr, dass dieses Haus, diese ganzen zwei Jahre, dass das alles am Ende doch gut war, und sie sagt ja. Ich sage, dass ich das alles auch als Training sehe, als eine Art Übung, und da sagt meine Frau nichts, sondern schaut mich an. Ich sage: »Jetzt wissen wir, wie es geht, jetzt kennen wir die Fehler, die Katastrophen. Jetzt wissen wir, was man alles falsch machen kann – aber auch, was man alles richtig machen kann. Das ist wichtig. Fürs zweite Haus.«

Meine Frau lächelt. Ich sage: »Irgendwann bauen wir ein richtiges Haus. Wir kaufen ein Grundstück und bitten Oliver, uns ein Haus zu entwerfen, eines nach unseren Wünschen, nach unseren Vorstellungen, nach unseren Ansprüchen.«

Meine Frau sagt: »Und wo wird dieses Haus stehen?«

»Tja, wo hättest du es denn gerne?«

»Vielleicht am Meer. Vielleicht möchte ich irgendwann einmal am Meer leben, in einem Haus am Meer.« Und ich denke an die Nordsee, an herrliche Stürme, an menschenleere Strände, an ein altes Kapitänshaus, das man umbauen könnte, vielleicht erweitern, mit einem kleinen Wäldchen nach hinten raus oder einer Wiese, auf der zwei Schafe stehen, und meine Frau sagt: »Irgendwo, wo es warm ist.« Und in diesem Moment weiß ich, dass wir auch das hinkriegen werden.

Als wir an unserem Auto ankommen, frage ich meine Frau, wo wir jetzt noch hinwollen. Sie überlegt kurz, dann sagt sie: »Nach Hause.«